靈修著作精選

我們與(不)信

默想

聖經　6個不完美　的

聖徒故事

黃嘉樑 著

▼

靈修著作精選

我們與(不)信的距離

默想聖經 6 個不完美的聖徒故事

Six Imperfect Ways of Faith

作者
黃嘉樑 Wong, Ka-Leung

責任編輯
吳國雄

裝幀設計
奇文雲海 · 設計顧問

■

出版 / 發行
基道出版社
香港沙田火炭坳背灣街 26 號富騰工業中心 10 樓 1011 室
LOGOS PUBLISHERS
Unit 1011, 10/F, Fo Tan Ind. Centre, 26 Au Pui Wan St., Shatin, Hong Kong
電話：(852) 2687-0331　傳真：(852) 2687-0281
網址：https://www.logos.com.hk

承印
陽光印刷製本廠

●

7/2020 初版
Cat. No. LP676
ISBN: 978-962-457-604-7

刷次	14	13	12	11	10	9	8	7	6	5
年份	2034	2033	2032	2031	2030	2029	2028	2027	2026	2025

目錄

CONTENTS

序 / vii

PART I
不完美聖徒

1 與**信心**的距離：小信的亞伯拉罕？ / 3

2 與**經歷神**的距離：迷失到底的雅各？ / 25

PART II
平凡者美學

3 與**揀選**的距離：不蒙祝福的以掃？ / 53

4 與**平凡**的距離：性格模糊的以撒？ / 79

PART III
暗黑的事奉

5　與**初心**的距離：被自我蠶食的基甸？／103

6　與**召命**的距離：被代價壓傷的參孫？／129

序

不完美的人的不完美故事

「我要成為一個怎樣的人呢？」

這是我們每一個人都會問或需要問自己的問題。我選擇走一條怎麼樣的人生路呢？有甚麼人可以成為我們的「指引」呢？對於信徒而言，「聖經人物」往往發揮著提點的作用，教導我們該怎樣過活。有些聖經人物因著他們的種種德行，成為我們的仿效對象。不過，同時也有另外一些人物會因著其惡行，成為我們的警惕，叫我們不要跟隨他們的腳蹤行。也許正因如此，我們有時會不經意誇大我們仿效對象的善德，將他們變成絕對的好人，也會妖魔化那些我們需要警惕的人，把他們看得一無是處。

然而，「人性」總沒有那麼簡單，「人生」也沒有如此簡便的答案。當我仔細閱讀一些聖經人物的事迹，吸引我的往往是他們信仰路上的掙扎，無論他們曾經被約化為聖人抑或魔鬼。他們的掙扎正表明他們每一個都是有血有肉的人。面對信仰生活的種種挑戰，他們有成功，有失敗；有前進，有後退。這個閱讀過程，其實反映了我自己信仰路上的反思，也是我尋找那真正的我的一個過程。這些聖經人物的經歷，既幫助我去揭示，也挑戰我去正視那個真正的自己，而不是那個想像中或是理想中的自己。我要接納的，是那個曾經順服、也曾叛逆的自己。對我來說，聖經人物之所以吸引，能打動人心，絕不在於他們是完美的，而在於他們是不完美的。

我邀請讀者和我一起進入經文的世界，仔細檢視經文對書中人物的描述，嘗試一窺他們內心世界的種種掙扎，讓他們以他們自身獨特的方式，成為我們的指引。不過，我們可不是要刻板地、片面地去「模仿」他們，而是要讓他們的生命啟發我們，開闊我們的信仰想像，讓我們在這個時代，可以活得真、活得有意義、活得忠於所信。期望每章附上的思考問題可以幫助讀者個人默想，或作小組分享之用。

我曾經考慮過要撰寫七位人物，作為圓滿之數。不過，既然這本小書談的是「不完美」的人，那麼，就該保留這書這一點不完美吧！

黃嘉樑

二〇二〇年四月

Part I

不完美聖徒

1. 與信心的距離

「小信」的亞伯拉罕？

信心之父
也有很多小信的時候？

信心之路，
不必然是跳躍式的；
回應召命，
也可以款步前行！

基督教信仰很強調信心，「因信稱義」就把信心的重要性精簡地表明出來。而每當談及信心，亞伯拉罕這個人物就往往成為大家尊崇的對象和榜樣。毫無疑問，亞伯拉罕可説是以色列人其中一個偉大的人物，而他對上帝的信心更可說是他的標記。傳統上，我們稱他為「信心之父」，這可能來自新約聖經對他的評價。保羅說：

> 因著信，就算亞伯拉罕為義……他受了割禮的記號，作他未受割禮的時候因信稱義的印證，為使他作一切未受割禮而信之人的父，使他們也算為義，也使他作受割禮之人的父，就是那些不但受割禮，而且跟隨我們的祖宗亞伯拉罕未受割禮而信的足跡的人。（羅四 9～12）

亞伯拉罕因著他的信，就成為有信心的人的父，不論他們有否行割禮。在另一處，保羅說：

> 所以，你們知道：有信心的人才是亞伯拉罕的子孫。（加三7）

亞伯拉罕是「信心之父」，不單因為他的信使他成為後來有信心的人的父，也因為只有有信心的人才是亞伯拉罕真正的子孫。

可是，當我們想到亞伯拉罕的信心時，我們會聯想到他甚麼樣的信心表現呢？而當我們告訴自己，或者評論別的基督徒——「我好無信心」、「他很有信心」……我們所想到又是甚麼樣的信心表現？信心的表現該是怎樣的呢？

信心總是跳躍式的？

每當想到亞伯拉罕（當時還是叫亞伯蘭），總會記得他因為相信上帝而離開哈蘭，離開他的「本地、本族、父家」，往上帝所要指示他去的地方去（創十二1）。華爾基（Bruce K. Waltke）在他的創世記註釋中談及亞伯蘭離開哈蘭時說：

> 信心要求他無情地捨棄過去。亞伯拉罕要離開那熟識的事和傳統所帶給他的安舒。他要丟棄他的家庭、故鄉及舊有的敬拜方式。[1]

除了離開故鄉，亞伯拉罕的信心也呈現在獻以撒一事上。這事在新約聖經也有幾段經文論到。雅各書二章21至24節強調他的信心表現於獻上以撒這行為上：「我們的祖宗亞伯拉罕把他兒子以撒獻在壇上，豈不是因行為得稱義嗎？可見信心是與他的行為相輔並行，而且信心是因著行為才得以成全的」（21～22節）。希伯來書的作者談到一系列信心偉人時，論到亞伯拉罕時所提及的，就是他離開吾珥和獻上以撒這兩件事：「因著信，亞伯拉罕蒙召的時候就遵命出去，往將來要承受為基業的地方去……因著信，亞伯拉罕被考驗的時候把以撒獻上」（來十一8、17）。這兩件事所反映的，是亞伯拉罕因著信，不但放下他的過去，也放下他的將來；也就是說，他因信而全然放下自己整個人生。這是一種怎麼樣的信心呢？這兩件事所強調的信心是一種跳躍式的信心。因著相信上帝，亞伯拉罕會做一些他不明白，不明所以，也不明其所以然的事。他這樣做，只是單單因為上帝這樣吩咐。當我們論及信心，不少時候都是指著這種跳躍式的信心而言，認為這才是真真正正的信心，才是有信心的表現。

不過，這是信心的惟一表現方式嗎？

款步前行的信心之路

我們也許都記得這個「有趣」的畫面：當上帝應許亞伯拉罕他的妻子撒拉必要生子的時候，「亞伯拉罕就臉伏於地**竊笑**」(創十七 17)，《和修》(即《和合本 2010》，下同)的翻譯明顯將亞伯拉罕的笑看作不信的表現(比較《和合本》的翻譯：「亞伯拉罕就俯伏在地喜笑」)，意即亞伯拉罕不相信上帝在他倆年老的時候，可以給他們帶來一個由他們自己所出的孩子。除了這個片段之外，其實早些時候，亞伯拉罕等候應許實現期間的一些表現，也引來不少「負評」，認為他一次又一次不信，而試圖用自己的方法去成就應許，譬如接受夏甲為妾。不過，我們還要進一步問，這些事真的是不信、沒有信心的表現嗎？抑或，我們只一味從信心必然是跳躍式的角度出發，而忽略了信心功課的其他面向？下面我們會仔細看看上帝在亞伯拉罕生平不同階段中應許他得後裔的內容，以及當中亞伯拉罕每次的回應，從而思索亞伯拉罕在這些事上所展現的，是怎樣的一種信心——既不像離開吾珥或獻上以撒時那種跳躍式的信心，但他還是按著上帝每次所應許的，作出調整，款步前行，一步步緊隨著上帝的吩咐。從這個角度來看，這是否也是一種信心、一種信靠？而我們是否在信仰及事奉的人生中，忽略了一種細水長流、日常生活的信心，而只亟亟追求一種跳躍式的超然神奇信心經歷？

以姪兒為後裔？——順應對尋常生活的理解也是信心

談到亞伯拉罕蒙應許得後裔一事，就得從創世記十二章1至3節開始：

> 耶和華對亞伯蘭說：「你要離開本地、本族、父家，往我所要指示你的地去。我必使你成為大國，我必賜福給

你，使你的名為大；你要使別人得福。為你祝福的，我必賜福給他；詛咒你的，我必詛咒他。地上的萬族都必因你得福。」

上帝首先吩咐亞伯蘭離開他的本族，到祂所指示的地方去。接著，上帝就對亞伯蘭作出了多重的應許，而第一個應許就是亞伯蘭必「成為大國」。要成為大國就必要有後裔，然而創世記十一章30節——留心這只相隔一節經文——卻早告訴我們他妻子撒萊「不生育，沒有孩子」。所以，當時還沒有從撒萊得孩子的亞伯蘭，如何可以成為大國呢？這就是問題所在，也是創世記十二至二十一章的記載的一個重要主題。接下來我們再看看這個困難如何一步步得到解決。

亞伯蘭聽見上帝應許他必「成為大國」，但他卻未有從撒萊得子。那麼，他會如何理解這個應許呢？要留意的是，「我必使你成為大國」這個應許本身，並沒有指明亞伯蘭必須或必會從撒萊得子。創世記十二章4至5節就表達了亞伯蘭對應許的理解：

> 亞伯蘭就遵照耶和華的吩咐去了；羅得也和他同去。亞伯蘭離開哈蘭的時候年七十五歲。亞伯蘭帶著他妻子撒萊和姪兒羅得，以及他們在哈蘭積蓄的財物、獲得的人口，往迦南地去。他們就來到了迦南地。

為何亞伯蘭離開他「本族、本地、父家」，卻帶著羅得同去？有學者認為，「羅得也和他同去」即表示一點，就是羅得同去不盡是亞伯蘭的主意，換句話說，羅得是自願跟隨亞伯蘭的。不過，這理解明顯與十二章 4 節「亞伯蘭就遵照耶和華的吩咐去了」和十二章 5 節所說「亞伯蘭帶著他妻子撒萊和姪兒羅得」的不同。按照聖經提供的數字，他拉在七十歲生亞伯蘭，而他活到二百零五歲（創十一 26、32）。所以，當亞伯蘭七十五歲離開哈蘭時（創十二 4），他父親他拉只是一百四十五歲，仍然在生。亞伯蘭為何一方面離開他仍然在生的父親，但另一方面卻帶著羅得呢？創世記十一章 31 節記載他拉「帶著」他兒子亞伯蘭和亞伯蘭妻子撒萊，還有他已過身的兒子哈蘭的兒子羅得和他妻子，一同離開吾珥要往迦南去。對他拉來說，他的兒子哈蘭已死，拿鶴則留在吾珥，故此惟有亞伯蘭可以承繼他的名聲。然而亞伯蘭未有後裔，故此羅得就成為惟一傳承者。他拉「帶著」他們同行，表明他視他們為家人。其後，亞伯蘭「帶著」羅得同行，離開他的父家，意思就是羅得被看為是他的家人，甚至是繼承者。故此，當上帝賜下應許之時，對亞伯蘭來說，即時想到的，可能就是羅得正是他可以成為大國的途徑！而這個理解亦沒有任何與上帝應許不協調之處，也沒有甚麼相不相信上帝應許的問題。上帝這裏應許亞伯蘭要成為大國，卻沒有說明是藉甚麼方法，或藉何人達成這目的。所以，亞伯蘭以羅得為繼承者，自是十分自然。他這樣做，也就被認為是「遵照耶和華的吩咐去了」。

然而，以羅得為繼承者這個想法接著就面對挑戰（創十三 1～18）。當亞伯蘭和羅得的財物增多，他們的牧人起了爭端。所以，亞伯蘭就建議他們不必住在一起，若羅得選擇向右遷移，他就向左；若羅得向左，他就向右。因為以色列人是以臉朝東方作為描述方向的指標的，所以，這裏所提及的「左」或「右」，所指的是迦南地的北部或南部。亞伯蘭的建議其實是期望羅得所選取的，仍屬迦南地範圍，無論是南是北。當亞伯蘭剛到迦南地之時，耶和華曾向亞伯蘭顯現，說：「我要把這地賜給你的後裔。」(創十二 7)這裏上帝沒有說要把迦南地賜給亞伯蘭，而是說要賜給他的後裔。所以，亞伯蘭期望羅得選擇留在迦南地的北部或南部，意思乃是說，他仍視羅得為他的後裔。然而，羅得卻選擇了約旦河東的平原，「往東遷移」離開迦南地(創十三 11)。就當亞伯蘭以為羅得所揀之地不屬應許之地，上帝的應許不似透過羅得成就時，上帝接著便指出，迦南地只是上帝應許之地的一部分(創十三 14～18)。此前羅得「舉目」而看(創十三 10)，這時亞伯拉罕也「舉目」而看(創十三 14)，但亞伯拉罕看到的，比羅得看到的更多更廣，而上帝將賜予亞伯蘭及他後裔他「所見一切的地」(15 節)。對亞伯蘭來說，這可以是上帝肯定他的想法的表示，就是羅得仍為他的後裔。所以，當後來羅得被擄，亞伯蘭便帶人出手營救，以保護自己的後裔(創十四 1～16)。而最終亞伯蘭成功把羅得救出來，對亞伯蘭來說，也可視為上帝進一步肯定自己的看法，保存羅得，成為自己的繼承人。

我們追隨上帝，走信心之路，不一定常有那些驚天動地的偉大信心經歷，也許更多時候我們只能順應我們對尋常生活的理解，並緊緊抓住上帝的應許，在祂引導下慢慢前行。

以我家中的人為後裔？——信靠不等於沒有自己的想法

隨著經文敍事的發展，亞伯蘭以羅得作為後裔這想法開始改變。創世記十五章記載上帝和亞伯蘭第一次「對話」，那不是如過往般上帝單向地向亞伯蘭宣告祂的心意。在異象中，上帝一開始便對亞伯蘭說：「我是你的盾牌，你必得豐富的賞賜。」（創十五1）在十四章的戰爭過後，上帝應許要成為亞伯蘭的盾牌，作他的保護；在十四章末當亞伯蘭拒絕接受所多瑪王的禮物（創十四22～24），上帝就應許大大賞賜他。但亞伯蘭卻回應：「我還沒有兒子，你能賜我甚麼呢？」明顯地，雖然至此亞伯蘭仍是以羅得為他的後裔，不過他還是介懷沒有從自己所出的後裔。[2] 他更道：「看哪，你沒有給我後嗣。你看，那生在我家中的人要繼承我。」（創十五3）這裏的短句「那生在我家中的人」原文可直譯為「我家中的兒子」或「我家中的人」。按上下文揣摩，這個「我家中的人」很可能就是指羅得。雖然亞伯蘭期望能有真正出於自己的後裔，可以承受他的家業或上帝的賞賜，但他也接受「他家中的人」，就是羅得，去承繼他的一切。

對於亞伯蘭這趟回應，上帝首次清楚指出，「你本身所生的才會繼承你」(創十五 4)。這個應許並沒有更易先前「成為大國」的應許，倒更具體指出一點，就是「成為大國」所需的後裔是亞伯蘭「本身所生的」。「你本身」原文為「你的身子」，而「身子」一字在好些經文中都與兒女生產有關，例如：創世記二十五章 23 節：「兩國在你腹中；兩族要從你**身上**分立。」上帝領亞伯蘭到外面，指出他的後裔會像星星的數目那樣不能勝數。經文接著說：亞伯蘭「信」耶和華(創十五 6)。「信」一字第一次出現在創世記(另參四十二 20，四十五 26)，其原文用法，應是指出這是一種經常出現的狀況，就是亞伯蘭持續地、經常地相信上帝。所以，這短句正好印證了亞伯蘭對上帝的持續信靠。不過，隨著這個應許的出現，羅得就自然不再被亞伯蘭視為他的後裔了。

在上帝和亞伯蘭這趟互動中，亞伯蘭坦誠向上帝表達他期盼有由自己所出的後裔，而上帝就這樣應許亞伯蘭。亞伯蘭這樣向上帝表達意願，經文沒有以之為不信，反清楚以「亞伯蘭信耶和華」作結，意即他持續地信靠耶和華。這樣看來，在成為大國一事上，亞伯蘭持續地相信上帝：他以羅得為他的後裔，反映了他對耶和華的信；縱使他向上帝表達想有自己後裔的想法，那還是信。

因此，信心、信靠，不一定意味沒有自己的想法。我們在信仰的道路上，能誠實面對自己的需要，勇於承認人性的限制，並存著信心向上帝傾心吐意，學習將一切交託，或許亦是要我們畢生學習的功課。

以本身所生的為後裔？——信心之路是如此迂迴跌宕

在敘事中一直沉默的撒萊，來到創世記十六章，突然打破「沉默」，提出了一個想法，就是安排婢女埃及人夏甲跟亞伯蘭同房，致使所生的兒子成為撒萊自己的兒子（創十六 1～2）。縱使撒萊這個提議可能出於她個人的想望，但無論如何，若這事能成就，對亞伯蘭來說，上帝應許「你本身所生的才會繼承你」就得著應驗了。經文接著表明「亞伯蘭聽從了撒萊的話」（2 節下），與夏甲同房，夏甲就懷了孕。按經文的敍事，至此，即創世記十五章4節，上帝的應許是亞伯蘭身子所出的才會繼承他，但仍沒有指定孩子的母親必定要是哪位。所以，亞伯蘭聽從撒萊從夏甲得子一事，也絕不能說成是他的不信。

雖然夏甲懷了孕，但危機還是出現了（創十六4及以下）。因著撒萊苦待夏甲，夏甲就逃離撒萊的面，走到曠野。夏甲從亞伯蘭所懷的孩子，究竟能否順利出生，致上帝的應許得以應驗呢？在曠野中耶和華的使者向夏甲顯現，先吩咐她回去，繼續「屈服在她〔撒萊〕手下」，受苦待（創十六9）。不過，使者同時應許她後裔將「極其繁多，多到不可勝數」（創十六10），而她所生的會是一個兒子，要給他起名為「以實瑪利」。後來夏甲回到撒萊那裏，誕下兒子，亞伯蘭就給他起名叫「以實瑪利」。從亞伯蘭給兒子取名「以實瑪利」可見，亞伯蘭定必知道使者在曠野對夏甲所說的話，包括「後裔極其繁多，多到不可勝數」和「他必常與他的眾弟兄作對」（創十六10、12）。而且，這曾經出走但又回歸，甚至願意繼續屈服在撒萊苦待之下的夏甲，最終真的誕下兒子，對亞伯蘭來說，自是上帝應許的應驗，是上帝應許他成為大國的途徑。

這情況跟之前羅得的情況十分相似：

- ➡ 羅得不選擇留在迦南地
    - ➡ 亞伯蘭以為他不是上帝應許的後裔
- ➡ 上帝即時指出羅得所揀選的地土也屬祂所應許的
    - ➡ 亞伯蘭認定羅得仍是上帝所應許的後裔

之後，上帝更具體地說明祂的應許(「你本身所生的才會繼承你」)。而夏甲事件也相似：

- ➡ 夏甲逃離撒萊
    - ➡ 亞伯蘭有機會因此認為她所懷的並不是上帝所應許的後裔
- ➡ 夏甲回歸並帶著使者的宣告
    - ➡ 亞伯蘭得到印證，認定這孩子是上帝所應許的後裔

按著上帝的應許(「你本身所生的才會繼承你」)和事情的發展，亞伯蘭認為以實瑪利是上帝所應許的後裔，的

確合情合理。

總的來說，無論是撒萊的建議，還是夏甲去而復返，都指出事情是朝著上帝應許得著應驗的方向推展的。上帝在亞伯蘭以為會失去希望時，給予他希望；在無望時，有夏甲為他生子，是從他身子而出的；在以為會失去「從他身子而出的」之時，夏甲竟甘願回來，誕下滿有祝福的以實瑪利。這對亞伯蘭來說，只能將這一切理解為上帝的應許得著應驗。

一路走來，上帝的心意竟是如此迂迴跌宕，若劇情再加上之後以撒這一筆，我們可以想到，原來信心之路，我們的信仰人生，的確從來鮮少是「一擊即中」，一成永成的，而在千迴百折中，我們如何順服信靠，並不住調整自己，也許更為關鍵。

以撒拉所生的為後裔？——上帝的心意往往是逐步開啟

隨著以實瑪利出生和成長，當亞伯蘭以為他就是上帝所應許的後裔時，事情又再進一步發展。以實瑪利出生十三年後，耶和華再次向亞伯蘭顯現（創十七1及以下）。這次講話把十二章 1 至 3 節的內容加以擴展，指出亞伯蘭會成為多國的父，並君王將從他而出，而且耶和華要成為他及他後裔的上帝，又重申將迦南全地賜給他和他的後裔。上帝也吩咐亞伯蘭要改名為「亞伯拉罕」，撒萊改名為「撒拉」。就在這時，上帝應許亞伯拉罕得子一事又有轉變，就是上帝應許「要從她（撒拉）賜一個兒子給你（亞伯拉罕）」（創十七 16）。撒拉自己將成為上帝賜福的對象，多國和君王必從她而出。這裏的應許和此前「你本身所生的」（創十五 4）又有不同，差異在於上帝如今指明了孩子的母親是撒拉。對這次的應許，亞伯拉罕的反應包含內在和外在兩個層面：

> 亞伯拉罕就臉伏於地竊笑，心裏想：「一百歲的人還能有孩子嗎？撒拉已經九十歲了，還能生育嗎？」亞伯拉罕對神說：「但願以實瑪利活在你面前。」（創十七 17～18）

《和修》把亞伯拉罕的「笑」譯為「竊笑」，如上文所述，這詮釋明顯認為亞伯拉罕的笑有負面的意思。不過，上帝接著吩咐亞伯拉罕要把這兒子起名為「以撒」

（創十七19），而其意思就是「他笑」。看上去，這樣的命名似是為了回應並記念亞伯拉罕的笑，若此，那麼亞伯拉罕的笑看來更似是正面的了。譬如，有些猶大聖經學者就認為這是一個欣喜的笑容。不但如此，他心裏所說的話，也不一定要理解為不信，而可以理解為一種表達詫異或驚喜的提問：「我們真的可以嗎？」至於外在層面，亞伯拉罕對上帝的回應——「但願以實瑪利活在你面前」——其解釋可以有不同的可能：這可以是亞伯拉罕認為有以實瑪利作為後裔，已經足夠；又或者可以是他不想以實瑪利被新的兒子所代替。其後，上帝的回應指出，祂只會和以撒立約，但也會賜福以實瑪利，使他興旺，成為大國。然而，就在那天，亞伯拉罕便按上帝所吩咐的，為以實瑪利和家中所有男丁行割禮（十七23及以下），以表明他們是在上帝的約中。因此，對亞伯拉罕來說，以實瑪利身為已在約中的兒子這身分，跟以撒身為上帝與其堅定所立之約、卻仍未出生的兒子的身分，兩者的分別，亞伯拉罕這時真的未必可以完全清楚理解。不過，無論他如何理解這兩個兒子的關係，他對上帝這次應許的反應，跟他對上帝以往應許的反應，均可以看到他的一個特點，就是順服，並在他能力範圍內作出配合。

結語

走筆至此，當我們再問：亞伯拉罕身為信心之父，他是個怎樣的「信心之父」呢？

我們說要學習亞伯拉罕的榜樣，多是因為他跳躍式的信心經歷，也就是說，他既不知前途如何，仍甘心放下過去和現在擁有的一切，並放下相較有把握的未來。面對上帝的吩咐，他跳躍式的信心，讓他可以在茫然不知的景況下回應上帝，按祂的吩咐而行，而事實上，跳躍式的信心往往亦展現在這種景況之中。當然這也是不少人心目中對所謂「信心」的理解。

不過，信心也不單純是跳躍式的。面對上帝的應許，我們不是只有被動地等待，盼望並且相信上帝會用神蹟去成就祂的旨意；也許，更多時候，我們的經歷是：上帝藉著我們自身能力範圍內的事情，去成就祂的應許。不但如此，隨著事情發展的不斷變化，人得願意調校自己既有的看法，順應當中的變化，卻又同時仍然深信上帝將藉此成就祂的應許。亞伯拉罕生平中對上帝應許多番轉折中的回應，正好說明了這種一步一腳印、迂迴跌宕，甚至有時步履蹣跚的信心為何。

這種我稱之為**款步的信心**所強調的，不是所看不見的，而是所看得見的；不是信心的跳躍，而是穩步的前行；不是堅持無從理解的目的（如獻以撒），而是帶出日常理解的重要。這種信心，也強調一個人的開放性，即能按著不同的景況不住調節改變，心意更新。這也是信心。持守著手中所有的，並認為上帝會透過我所有的去成就祂的美意，也是信心。亞伯拉罕「信」上帝，這「信」是持續的信、經常的信、日常平凡生活中的信。在亞伯拉罕的人生歷程中，不同階段都經歷著上帝的應許已經應驗、並同時應許仍未成就的張力。可重要的是，無論怎樣，亞伯拉罕都在他能力範圍內，按著上帝的應許，竭盡所能，順服前行。這也是信。

我們的人生，的確可能會面對跳躍式信心的挑戰，但或許更多時候，所要求我們的，就是一種持續的信，在應許彷彿一次一次應驗，又一次一次失落之時，仍然相信，仍然順服，願意調校自己，回應上帝在不同時候的不同帶領。

思考問題

1. 你有沒有所謂「信心跳躍」的經歷呢？可以分享一下嗎？
2. 你如何看亞伯拉罕這趟「款步前行」的信心之路呢？是欣賞？不認同？還是難以學習？你或你認識的人有過類似的經歷嗎？
3. 我們如何在周遭不斷改變的環境中辨識神的心意？我們又願意不斷調整自己以回應上主的引導嗎？
4. 信靠上帝，順服祂的帶領，是否就不可以有自己的想法？我們試過和神討價還價嗎？結果如何？

註釋

1. Bruce K. Waltke, *Genesis: A Commentary* (Grand Rapids: Zondervan, 2001), 209.
2. 創世記十五章2節下：「承受我家業的是大馬士革人以利以謝」這句子原文意思不詳，到今天學者對此還是沒有共識。參 Victor P. Hamilton, *The Book of Genesis: Chapters 1～17* (NICOT; Grand Rapids: Eerdmans, 1990), 419～422。

2. 與經歷神的距離

迷失到底的雅各？

與神相遇

可能與你所想的不一樣！

「經歷神」的體驗確實深刻，
叫人難忘；
但倘若經歷過後還是老樣子，
那經歷過又如何？

經歷神？

我們會在怎麼樣的地方、怎麼樣的時刻，經歷上帝、遇見上帝呢？在崇拜、禱告、查經、團契中？在日出日落、滂沱大雨、藍天白雲之時？在快餐店、購物區、更衣室裏？又抑或在街上流連，在家中無所事事之時？雅各又是在甚麼地方、於怎樣的時刻並如何經歷上帝？而與神相遇的經歷，給他帶來了怎麼樣的改變？

我們對雅各的普遍印象，可能更多是他以「紅豆湯」從孿生哥哥手上買來長子名分、與母親合謀騙取父親原本給予兄長的祝福、為娶得所愛而願意服事拉班十四年，並後來與拉班的多年心戰、較量……由此，我們所認識的雅各，是一個很會製造機會、抓住機會，以爭取自己渴望得到的事物的人。他狡猾、有耐性、懂得計算，可說是個聰明人。這樣的一個雅各，會以怎樣的方式與上帝交往？而事實上，經文記載上帝幾次向雅各顯現，而每次都是在雅各人生關鍵的時刻。下面從雅各與上帝第一次的接觸中，看看經歷上帝對雅各來說有甚麼意義，又帶來了甚麼影響（編按：為方便讀者查閱，本書會在部分經段引文中用上標字加上節碼）。

> [10]雅各離開別是巴，往哈蘭去。[11]到了一個地方，因為已經日落，就在那裏過夜。他拾起那地方的一塊石頭枕在頭下，就躺在那地方。[12]他做夢，看哪，一個梯子立在地上，梯子的頂端直伸到天；看哪，神的使者在梯子上，上去下來。[13]看哪，耶和華站在梯子上面，說：「我是耶和華——你祖父亞伯拉罕的神，以撒的神。你現在躺臥之地，我要將它賜給你和你的後裔。[14]你的後裔必像地上的塵沙，必向東西南北開展；地上萬族必因你和你的後裔得福。[15]看哪，我必與你同在，無論你往哪裏去，我必保佑你，領你歸回這地。我總不離棄你，直到我實現了對你所說的話。」[16]雅各睡醒了，說：「耶和華真的在這裏，我竟不知道！」[17]他就懼怕，說：「這地方何等可畏！這不是別的，是神的殿，是天的門。」

[18]雅各清早起來，拿起枕在頭下的石頭，立作柱子，澆油
在上面。[19]他給那地方起名叫伯特利；那地方原先名叫路
斯。[20]雅各許願說：「神若與我同在，在我所行的路上保
佑我，給我食物吃，衣服穿，[21]使我平平安安回到我父親
的家，我就必以耶和華為我的神。[22]我所立為柱子的這塊
石頭必作神的殿；凡你所賜給我的，我必將十分之一獻給
你。」（創二十八 10～22）

經歷神的場景

一個「地方」——與神相遇，竟在莫名的漂流之處

雅各離開別是巴，往哈蘭去。到了一個地方，因為已經日落，就在那裏過夜。他拾起那地方的一塊石頭枕在頭下，就躺在那地方。（創二十八 10～11）

首先，我們要留心，雅各離開別是巴時已經七十七歲，[1]為甚麼還要離開別是巴？按創世記所載，雅各離開別是巴往哈蘭去，似乎有兩個原因。第一個原因是逃避

以掃的追殺，因為雅各和他母親利百加合謀欺騙以撒，奪去原先給哥哥以掃的祝福，所以以掃惱恨雅各，想要殺他。於是利百加就吩咐雅各逃往哈蘭她哥哥拉班那裏去，同他住一段日子，直等到以掃的怒氣消了才回來（創二十七 41 ～ 45）。不過，經文接下來的敍事，似乎亦提供了另外一個原因：利百加和以撒不喜歡雅各娶迦南地的女子為妻，故此差他到他舅父拉班那裏，娶拉班的其中一個女兒。離別之前，以撒為雅各祝福（創二十七 46，二十八 1 ～ 5）。按經文鋪排，似乎有意將兩個不同的原因並置，隱含著對以掃的負面評價。

雅各從別是巴出發，朝著哈蘭的方向走，到了某一處「地方」。「地方」（*maqom*）一語在創世記二十八章 10 至 22 節中出現了六次，單是在 11 節就已經出現了三次：「到了一個**地方**，因為已經日落，就在那裏過夜。他拾起那**地方**的一塊石頭枕在頭下，就躺在那**地方**。」經文一直都沒有明言這「地方」實際是哪裏，也沒有形容其地理環境，要差不多到了敍事的最後部分才指出這個「地方」的名字（二十八 19）。經文説雅各「到了」這地方（11 節），「到了」有「偶遇」的意思，意味著他並不期望這地方有甚麼特別之處，這只是行程中的一個點罷了。可事實上這並不是「偶遇」，在上帝手中，一切絕非偶然！

經歷上帝的地方，很多時的確不在我們預期之內。我們也許像雅各一樣，在經歷上帝以先，為著種種原因，在人生路上的一點走到另一點，而每一點都只是一處無名的「地方」；這些「地方」看上去可能與別的「地方」無異，儘管在那裏我們曾留下雪泥鴻爪，但似乎都不是我們心之所繫之處。那只是一處無名的、平凡的、甚至我們正在漂流的「地方」，但我們往後回過頭來，卻可能會發現那地方竟原來是我們與神相遇、經歷神之處！

一塊石頭——與神相遇，竟在毫無安全感之時

> 到了一個地方，因為已經日落，就在那裏過夜。他拾起那地方的一塊石頭枕在頭下，就躺在那地方。（創二十八 11）

雅各是個「常住在帳棚裏」的人，並不像以掃「常在田野」（創二十五 27）。他到達這「地方」時，太陽已經

落下，他只好在那裏過夜。不過，這處無名的「地方」，難以令人產生安全感吧。於是雅各先從那「地方」的眾多石頭當中，拿了一塊「枕在頭下」，然後才在「那地方」躺下。《和修》的翻譯似意指這石頭是作枕頭之用。不過，「在他頭下」(*mera'asotayw*)這表達，在聖經其他地方出現時卻不是指「在頭下」呢！撒母耳記上二十六章 6 至 16 節記載掃羅帶領三千精兵尋索大衛。當大衛與亞比篩下到掃羅營中，看見掃羅等人睡著了，而掃羅的槍就放在「他頭旁」(*mera'asotayw*)。亞比篩想殺死掃羅，但大衛不許，只拿走放在掃羅「頭旁」的槍和水壺。這裏的「他頭旁」，即上文的「在他頭下」，在這段記述中共出現了四次(撒上二十六 7、11、12、16)。於此，這表達只能合理地解作「在頭的旁邊」而不是「在頭的下面」。此外，列王紀上十九章 3 至 6 節記載以利亞逃命，在羅騰樹下睡著了。後來天使叫醒他，他就發現在「他頭旁」有燒熱的石頭所烤的餅和水，他就吃了喝了。同樣地，這裏的上下文只容許這表達解作「頭旁」，而不是「在頭下」。因此，雅各拾起那「地方」的一塊石頭，應不是作枕頭之用，而是放在「頭旁」。而放在頭旁，最自然的解釋便是自衛，即用石頭來保護自己。雅各離開生活了多年的安舒帳棚，離開父母，如今獨自上路，加上太陽已經落下，對雅各來說，這無疑是一處「沒有安全感」的地方，而他可以用來保護自己的，就只有從這「地方」拾來的一塊石頭。

有些時候，我們可能都像雅各一樣，缺乏安全感，要在所停留的無名「地方」，尋找可以保護自己的一塊「石頭」。這塊「石頭」可以是金錢、權力、才智、成就、工作或別人的肯定，不一而足。有了「石頭」保護，我們才放得下心。但我們明白「石頭」畢竟就只是石頭而已嗎？對屬神的人而言，我們的安全感終究又是從何而來？又或許，毫無安全感之時，正好預備我們，叫我們能敞開心扉，與上帝相遇？

經歷神的一刻

夢中顯現——神就在這地方

他做夢，看哪，一個梯子立在地上，梯子的頂端直伸到

> 天；看哪，神的使者在梯子上，上去下來。看哪，耶和華站在梯子上面……（創二十八 12～13 上）

就在雅各感到缺乏安全感，只靠石頭傍身之時，他就在夢中看見上帝。這個夢出現在雅各感到無助的時候：孤身、日落、無名的「地方」。12 至 13 節上，接連出現了三次「看哪」，帶出雅各在夢境中所見到三幕令他感到詫異的情境。第一，他看見「一個梯子」。從他所在的地上觀看，他見梯子「立在地上」；再延伸往上望，見到「梯子的頂端直伸到天」，表明這是貫通地天的橋樑。第二，他看見上帝的眾天使不停地「上去下來」，我們留意經文是說「上去下來」而不是「下來上去」，這表明上帝的使者已在地上。在雅各還沒有夢見這梯子之時，原來上帝的使者早已在人間，這意味著雅各其實並不是孤身一人。第三，他看見「耶和華站在梯子上面」，但更準確的翻譯應該是「耶和華站在他旁邊」（如《和修》註腳所言）；這就像後來雅各睡醒時所說的：「耶和華真的在這裏」（16 節），而原文意為「耶和華真的在這地方」——意即雅各看見上帝就是在「這地方」，而不是在天上，也不在梯上！雅各沒有尋找上帝，他只是在逃避以掃，尋找配偶，不過上帝卻主動尋找他。當雅各把石頭放在「頭旁」，原來耶和華就在「他旁邊」；亦因此，上帝可以對他「說」話，而不用（從天上）呼喊他。

在那處不屬於自己的地方，在徬徨無助之時，上帝卻主動向人顯現。在人未尋找上帝以先，原來上帝已在我們旁邊。上帝顯現要帶來轉化，既轉化「這地方」，也轉化每一個活在困境中的人。

得蒙應許——超越時空的祝福

> 耶和華⋯⋯說：「我是耶和華——你祖父亞伯拉罕的神，以撒的神。你現在躺臥之地，我要將它賜給你和你的後裔。你的後裔必像地上的塵沙，必向東西南北開展；地上萬族必因你和你的後裔得福。看哪，我必與你同在，無論你往哪裏去，我必保佑你，領你歸回這地。我總不離棄你，直到我實現了對你所說的話。」（創二十八13下～15）

上帝對雅各的講話以自我介紹作開始，祂是「亞伯拉罕的神，以撒的神」。看到這裏，聖經的讀者自然會問：祂也是「雅各的神」嗎？在回答這問題之前，我們先留意接下來神的四個應許——分別與「你和你的後裔」、「你的後裔」、「你」和「你和你的後裔」有關——而雅各自己更與他後裔的命運緊緊扣在一起。首先，上帝應許把他現在躺臥的地方賜給他和他的後裔。這應許對當時仍是孤身一人的雅各來說，當然是很大的鼓舞，也預告他此行能夠順利找到配偶，繁衍後代。接著，他的後裔會像地上的塵沙，所指的應該是數量而言。然後，上帝應許雅各自己必向西、向東、向北、向南開展(《和修》沒有把這句子的主詞譯出來；可參《呂振中譯本》:「你必向西向東向北向南突破疆界」)。最後，地上萬族會藉著雅各和他的後裔得到祝福。雅各從前要以欺騙的手法來取得父親的祝福，想不到日後他自己和他後裔卻會使別人得到祝福。

15節就回到了我們最初的問題：祂也是「雅各的神」嗎？究竟上帝和雅各有甚麼關係沒有？這節經文以「看哪」作開始，意味著雅各感到詫異，就像看到12至13節的內容一樣。在 15 節這節經文中，上帝應許的對象只有雅各自己，而沒有提及他的後裔。上帝對雅各的應許以「與你同在」開始。這「同在」保護、「保佑」著雅各（「我必保護你」；參《呂振中譯本》），無論他往哪裏「去」，也會帶領他「回」到這片土地。雅各從別是巴出發，往哈蘭走去，他行旅的方向正好與亞伯拉罕當年相反，似乎意味著他正在逆轉亞伯拉罕的行旅，也逆轉了上帝對亞伯拉罕的吩咐。也正因為這樣，雖然他可以「無論往哪裏去」，卻仍需要上帝的「保佑」，也需要上帝領他歸回。這裏，上帝祝福雅各並不表示雅各不會面對危機，而是表明了上帝的同在會保佑他，總不會「離棄」他，直到上帝作成了祂向雅各所應許過的事（15 節；參《呂振中譯本》）。上帝所應許的「同在」指向雅各那充滿未知數的將來，不過，雖然他仍未「去」，也未曾「回」，但上帝已應許與他同在。上帝會成就祂向他所說的話。上帝自有祂的心意，這不但超越了時間，也並不在乎雅各是個怎樣的人，也不囿於這個「地方」。上帝對雅各的應許，似乎反映出上帝並沒有因為雅各騙取祝福而離棄他，而事實上這裏的應許，與雅各離開別是巴之前，以撒給他的祝福相近，包括「生養眾多」和承受他「所寄居的地為業」。

> 以撒叫了雅各來，為他祝福⋯⋯說：「願全能的神賜福給你，使你生養眾多，成為許多民族，將應許亞伯拉罕的福賜給你和你的後裔，使你承受你所寄居的地為業，就是神賜給亞伯拉罕的地。」（創二十八 1～4）

創世記二十八章 12 至 15 節這段經文帶出了三個向度。第一個是垂直的向度，把天與地連接起來；第二個是橫向的向度，也就是雅各會在地上各方開展；第三個是時間性的向度，從過去亞伯拉罕到將來雅各的眾多子孫。從這三個向度看，雅各的人生不再局限於這時孤身一人所身處的「這地方」，而是能伸延於天與地、東西與南北，以及過去與未來之間。

上帝向我們顯現，應許我們可以把我們從自身的困局中釋放出來，讓我們放眼四方，超越時空的限制，在歷史的洪流中找到自己的位置。上帝賜福我們，叫我們成為祂的子民，在祂的國度中有分。雖然上帝沒有應許我們一切可以一帆風順，卻應許「總不離棄」我們，向我們保證祂的同在和眷佑。

經歷過後，又如何？

神殿天門——相遇之地成為聖所

> 雅各睡醒了，說：「耶和華真的在這裏，我竟不知道！」他就懼怕，說：「這地方何等可畏！這不是別的，是神的殿，是天的門。」（創二十八 16～17）

夢完了，雅各就醒來。這時，他對「這地方」有了全新的認識，因為「耶和華真的在這地方」（筆者按原意另譯，參上文）。「真的」是感歎詞，強調事情的發生是他從來沒有想過的。雅各感到「懼怕」，不是因為他正身處黑夜之中、陌生之地，而是因為他與上帝的相遇，更新了他對這地方的體會。聖經沒有記載過亞伯拉罕或以撒與上帝交談時，會感到懼怕，但這裏雅各卻感到懼怕。這是聖經頭一次記載雅各感到懼怕（其後在創三十一 31 和三十二 7 再提及他害怕）。雅各睡醒，驚覺到自己對這位自己從來沒有親身經驗過的上帝的無知（「耶和華真的在這裏，我竟不知道」），他的懼怕令他對「這地方」產生了全新的認知——「這地方」變成了神的殿、天的門！一個原先是偶遇的地方，因著遇見上帝，就成了不一樣的地方；一個從前未經驗過這種懼怕的人，一個一直只關注自身的人，因為遇見上帝就開始把眼光轉到身處之地，並發現原來自己正身處天的門、神的殿；而一個人也因著遇見上帝而學曉了甚麼是可畏的。

因為上帝的臨在，「這地方」就不再只是一處尋常地方，而是「神的殿」、「天的門」。上帝正要在這地方轉化我們，叫我們從單單關注自己，轉到認知身處之地的神聖意義。今天，在我們的職場、家庭、甚至街角，上帝的同在就把「這地方」轉化為敬拜上帝的地方。今天我們有否看見上帝在「這地方」的同在呢？

立柱澆油——頭旁石頭成為記號

雅各清早起來，拿起枕在頭下的石頭，立作柱子，澆油在上面。他給那地方起名叫伯特利；那地方原先名叫路

斯。（創二十八 18～19）

我們不肯定雅各有沒有繼續睡覺，但他在清早時就起來，以行動回應夢中所見。雅各把原先用來自衛的石頭，變為上帝顯現的記號。雅各把石頭安放為「柱子」（即「立起之物」），就像那梯子「立」在地上、耶和華「立」（站）在他旁邊那樣。梯子的「頂端」（原文作「頭」）「直伸到天」。如此，這石頭就像梯子那樣，連繫著天上和地下。不過，雅各的安全感不再建基於這塊石頭，而在於上帝的同在。他從靠著自己的能力保護自己，轉到開始看重上帝的同在。

接著，雅各把這地方改名為「伯特利」，就是「神的殿」的意思。經文指出這城的名字原先叫「路斯」，意思就是「果仁、杏」，亦可指「避難之處」。有考古學家認為路斯是一座較大的迦南城鎮。在近東文化中，人常常接待從遠方來的人。當年亞伯拉罕接待路人，最終接待了天使（參創十八章）。不過，雅各在路斯卻沒得到這樣的接待。然而因著雅各與上帝相遇，「這地方」竟成了神的殿，成為伯特利。

我們的確會用各樣事物來保護自己，以得到安全感。與上帝相遇的經歷，或許能叫我們放下頭旁的「石頭」，甚至將它獻上，成為記號，提醒我們上帝就站(立)在我們旁邊，祂的同在才是最重要的。今天我們的安全感建立在甚麼東西上？是一向所依賴的金錢、權力、才智、成就？若我們經歷過上帝，曾與祂相遇，我們願意學習放下這些「石頭」，甚至將之獻給上帝，為上帝所用嗎？

神若與我同在？——相遇過後又如何？

> 雅各許願說：「神若與我同在，在我所行的路上保佑我，給我食物吃，衣服穿，使我平平安安回到我父親的家，我就必以耶和華為我的神。我所立為柱子的這塊石頭必作神的殿；凡你所賜給我的，我必將十分之一獻給你。」(創二十八 20～22)

於是雅各就向上帝許願。「許願」在舊約聖經多是帶條件性的，也多是在危難之時許下的，亦因此聖經提醒我們不可隨便許願，或者忘記還願。要更深入了解雅各許願的內容，可以將之跟上帝對他的應許作一對照：

上帝對雅各的應許（13～15 節）	雅各向上帝的許願（20～22 節）
[13]……我是耶和華——你祖父亞伯拉罕的神，以撒的神。你現在躺臥之地，我要將它賜給你和你的後裔。[14]你的後裔必像地上的塵沙，必向東西南北開展；地上萬族必因你和你的後裔得福。	
[15]看哪，我必與你同在，	[20]……神若與我同在，
無論你往哪裏去，我必保佑你，	在我所行的路上保佑我，
	給我食物吃，衣服穿，
領你歸回這地。	[21]使我平平安安回到我父親的家，
	我就必以耶和華為我的神。
我總不離棄你，直到我實現了對你所說的話。	
	[22]我所立為柱子的這塊石頭必作神的殿；
	凡你所賜給我的，我必將十分之一獻給你。

從上頁的對照可見，雅各並沒有理會一些所謂「大事」，例如後裔或土地。他所關注的，更多是具體並實際的生活。對雅各而言，上帝同在之所以重要，就在於「食物」和「衣服」。當上帝說「無論你往哪裏去，我必保佑你」，雅各所想到的，是他「所行的路」，也就是說，在他正行走的「這條路上」，上帝要保佑他。上帝說「領你歸回這地」，但雅各所想的就是「我可以平平安安回到我父親的家」。他的回應，不但沒有提及上帝主動「領回」這一角色，反而加上了「平平安安」，以及把「這地」的意思收窄為「我父親的家」。雅各的回應，只是把上帝的應許具體落實在他目前的處境當中，而他仍然沒有擴寬他的眼光。

21 節需要稍加解釋，那就是「我就必以耶和華為我的神」這句話，究竟是屬於雅各所講的一系列以「若」字為開始的「條件子句」(protasis)，抑或是「結果子句」(apodosis)。《和修》的翻譯選擇了後者。不過，事實上原文並無「我就必以」，而只有「耶和華會成為我的神」。從文法角度看，我認為這句子更大可能是屬於條件子句。[2] 為甚麼？文首曾提及，當上帝向雅各介紹自己時只說祂是「亞伯拉罕的神，以撒的神」，卻沒有說祂是「雅各的神」，那麼，這裏雅各說「若……耶和華會成為〔是〕我的神」，正好呼應先前上帝的自我介紹。20 至 21 節是以「若」字帶出以上帝或雅各為主詞的五個條件子句，而 22 節則轉變為以「這石頭」為主詞，是結果子句。結構表列如下（部分經文為筆者另譯）：

若　　[20] 神與我同在，
在我所行的路上保佑我，
給我食物吃，衣服穿，
[21] 我可以平平安安的回到我父親的家，
耶和華成為我的神，
（那麼）　[22] 我所立為柱子的這塊石頭必作神的殿；
凡你所賜給我的，我必將十分之一獻給你。

第一結果子句是「這塊石頭必作神的殿」。意思是說，若這些條件成立，這塊石頭自會成為神的殿。這並不是出於人的工作。原是代表保護、自衛的石頭，最後能夠成為敬拜神——神的殿——的基礎，乃不是出於人的力量，而是出於上帝的大能。多年以後，當雅各回歸見以掃，上帝要他再訪伯特利。他於是吩咐家人除掉當中的外邦神明，並要自潔。到了伯特利，他就按上帝的吩咐築壇，並再次在那裏立起柱子並在其上澆油（創三十五1～16）。第二結果子句是雅各應允把上帝賜給他的都獻上十分之一。值得留意的是，在雅各整個所許的願中，只有在第二結果子句中雅各稱上帝為「你」，而不是第三身的「祂」，這反映了雅各願意與上帝建立個人的關係，但話雖如此，若我們將他的奉獻放到這些因果關係的句子，便可以看出雅各抱著一種「等價交換」的想法。對雅各來說，若果那五件事情得以發生，他「惟一」會做的事，就是把上帝賜給他的十分之一作出回饋。這樣看來，雅各可說是「無得輸」！

那麼，我們不得不問一個問題：與上帝相遇的經歷，究竟有沒有改變雅各呢？從上可見，雅各不是完全沒有改變，他的確經歷了一些轉化，只是說到底，此時的雅各仍是那樣專注於爭取自己的利益，而且對他來說，首要的更是眼前的利益。我們今天又如何呢？我們或許經歷過上帝的同在和幫助，曾信誓旦旦要為主而活，願意一生為主所用。我們的經歷的確是真實的。我們不是沒有努力過，也不是沒有犧牲過，只是終究不少時候還是竭力爭取自己的利益、甚至眼前的利益多於一切——甚至以事奉上帝之名來為自己求種種好處。今天，當不少人亟亟追求經歷上帝，追求與上帝相遇，我們不得不時常省察，自己真箇在追求甚麼？

結語

今天，也許我們與雅各一樣，正在孤身上路，也許到了一處完全沒有安全感的地方，一處我們完全沒有期望過會遇見上帝的地方。在「這地方」我們只能依靠一塊石頭去保護自己。這樣的經歷可說是一種「流離」（displacement）的經驗。「流離」就是被迫離開自己熟識的地方，離開安舒區（comfort zone），進到那處既陌生又沒有安全感的地方。然而，雅各正正就在流離之處、孤單之時，經歷上帝的同在。我們在世過客旅人生，其實也是活在另類的流離之中，不過我們還是可以在意想不到之處遇見上帝，或者被上帝尋著，帶來生命的改變。上帝的同在不單改變我們的身分和人生方向，也使這「流離」的行程轉化為「朝聖」的旅程。「流離」卻得蒙上帝保守，遠離家鄉卻得蒙上帝應許領回。然而，與上帝同在的經驗改變了我們嗎？我們是否仍只顧眼前的利益，不住與上帝討價還價？尤有甚者，讓上帝成了我們手中的「石頭」，且用完即棄？

思考問題

1. 你覺得「與神相遇」的經歷是怎樣的？你有否「與神相遇」的經歷？請分享。
2. 甚麼東西能給你安全感？當你缺乏安全感的時候，你會從哪裏尋求幫助？
3. 你希望經歷「神的同在」嗎？你覺得有神同在的人會有甚麼表現？
4. 「經歷神」給你帶來了甚麼改變？你覺得自己有甚麼地方需要改變呢？

註釋

1. 雅各離開別是巴時的年紀可從下列創世記的經文計算出來：

經文	事件	雅各年齡
四十七 28	雅各離世	147
四十七 28	在埃及居住 17 年	130～147
四十五 6	約瑟在位 9（7+2）年後，雅各才移居埃及	121～130
四十一 46	約瑟首次出現在法老面前時為 30 歲	121
三十七 2	約瑟被賣時為 17 歲	108（=121–13）
三十 25，三十一 41	雅各離開拉班時，約瑟為 6 歲	97（=108–11）
三十一 41	雅各在哈蘭共有 20（=7+7+6）年	77～97

按此計算，雅各離開別是巴時起碼七十七歲。若這個計算是正確的話，雅各也算人到「中年」，還「宅」在家中，需要父母鼓勵，才會回鄉娶親呢！

2. Diana Lipton, *Revisions of the Night: Politics and Promises in the Patriarchal Dreams of Genesis* (JSOTSup 288; Sheffield: Sheffield Academic Press, 1999), 74～75.

Part II

平凡者美學

3. 與揀選的距離

不蒙祝福的以掃？

不被揀選，
原來是不一樣的蒙福之路；
上帝的揀選和不揀選，
同樣都出人意表。

不被選上，

不等於不配被選上；

不被選上，

卻讓人從他身上看見神。

神的揀選？

在舊約聖經中，以掃與雅各是為人所熟識的雙生子。他們的母親利百加仍懷著他們時，耶和華對她說：

兩國在你腹中；
兩族要從你身上分立。
這族必強於那族；
將來大的要服侍小的。（創二十五 23）

我們一般都會將上帝對她的宣告，獨獨理解為「將來大的要服侍小的」，並期望之後看到雙生子中，大的如何服侍小的，即上帝所揀選的「小兒子」如何比「大兒子」優勝。再加上羅馬書九章 13 節引用了瑪拉基書一章 2 至 3 節，說：「正如經上所記：『雅各是我所愛的；以掃是我所惡的』」，我們就認定以掃「不如」雅各了。當後來看見以掃因著紅豆湯出賣自己長子名分時，便認定雅各配得上帝的揀選，而上帝不揀選以掃是合情合理的。但這果真就是聖經所載的以掃的全部？這就是上帝揀選的「真相」？上帝的揀選又真是如此「冰冷無情」？

下文我們將重新審視經文對以掃的描述，並以掃和雅各關係的變化，希望幫助讀者更立體地認識以掃及其真性情，於明白到上帝的揀選確實出乎人意料之外、也不在乎被揀選的是個怎樣的人的同時，也明白到一點，就是以掃雖不蒙所謂「揀選」，卻還是可以活得很有尊嚴。

有關以掃和雅各的記載，由創世記二十五章 19 節開始，至三十五章 29 節止。[1] 溫漢（Gordon Wenham）以交叉平行結構（chiasm）表達這部分內容。[2]

從右頁大綱可見，溫漢認為經文的主角是雅各，而事實上經文絕大部分內容確實與雅各而不是與以掃有關，以掃只出現在 A、C、C' 及 A' 這四個段落中。話雖如此，雖然以掃出現的篇幅不算多，但他在雅各的生命中，卻佔有很重要的位置。篇幅所限，以下我們會將焦點集中在 A 及 C' 這兩部分，但這應已足夠重塑一般人對以掃形象的理解。

A	二十五 19～34	雅各與以掃記載的開始
B	二十六 1～33	以撒與非利士人
C	二十六 34～二十八 9	雅各欺騙以掃得祝福
D	二十八 10～22	雅各在伯特利遇見上帝
E	二十九 1～14	雅各到達拉班的家中
F	二十九 15～30	雅各迎娶利亞和拉結
G	二十九 31～三十 24	雅各眾兒子的出生
F'	三十 25～三十一 1	雅各勝過拉班
E'	三十一 2～三十二 1	雅各離開拉班
D'	三十二 2～3	雅各在瑪哈念遇見上帝
C'	三十二 4～三十三 20	雅各歸回祝福予以掃
B'	三十四 1～31	底拿與希未人
A'	三十五 1～29	雅各與以掃記載的結束

逆轉傳統的揀選——究竟贏在起跑線的是誰？

> 到了生產的日期，看哪，腹中是對雙胞胎。先出生的身體帶紅，渾身有毛，好像皮衣；他們就給他起名叫以掃。隨後，以掃的弟弟也出生，他的手抓住以掃的腳跟，因此給他起名叫雅各。兩個兒子出生時，以撒六十歲。（創二十五 24～26）

上帝沒有揀選以掃，是否從以掃和雅各的出生已經表明出來？我們先看看以掃和雅各出生時的情景。這裏用了好些篇幅來形容以掃的外貌，但對於雅各，則只提及「他的手抓住以掃的腳跟」。這種描述上的差別，究竟想要說明甚麼？想要說出甚麼關於這兩個人的事呢？這裏我們集中看看對以掃的描述。

以掃出生時，第一個描述是他「身體帶紅」（*'admoni*）。原文該字並沒有特別指「身體」，但按上下文，應可作這樣理解。這字可指到一系列的顏色，包括紅、啡、啡黃、血紅、深紅等。中文聖經一般以「紅色」來翻譯。它的子音與「亞當、地土」（*'adam*）相近。「紅色」

（'admoni）這字在聖經中只另外出現兩次：

- 撒母耳記上十六章12節：「耶西就派人去叫他來。他面色紅潤，雙目清秀，容貌俊美。」
- 撒母耳記上十七章42節：「非利士人觀看，見了大衛，就藐視他，因為他年輕，面色紅潤，容貌俊美。」

這兩節經文中，「面色紅潤」的原文就是「紅」（'admoni），都是指著大衛而言。有學者指出，在近東社會，「紅色用來形容男人是恰當的……以掃和大衛，都被形容為紅色……」。[3] 所以，經文這裏描述以掃生出來就是「紅色」時，可能是非常正面的評價，指他是一位英雄人物。

第二個對以掃的描述就是「渾身有毛，好像皮衣」，按原文可直譯為「他的全身像毛衣」（「毛衣」一詞由「衣」〔'adderet〕和「毛」〔se'ar〕組成）。後來，經文亦用「渾身都有毛」（創二十七11）來描述以掃，直譯則為「有毛的人」。這樣的描述所要強調的，是以掃全身都長滿了很濃密的毛髮。「毛衣」（'adderet se'ar）這用語只另見於撒迦利亞書十三章4節，指到先知的服裝。而聖經以頭髮濃密來形容的人物有兩位，分別是參孫和押沙龍（士十六17；撒下十四26），以表達他們擁有異於常人的精力和活力。此外，在舊約中被形容為長毛髮的人，就只有以利亞。經文形容他「身穿毛衣」（王下一8），《和修》加註表明這或譯為「全身長毛」（「毛」原文為 *se'ar*），後者才是更準確的翻譯，以表達以利亞的非凡能力。除此，以利亞的「外衣」（*'adderet*）——與創世記二十五章25節「毛衣」（*'adderet se'ar*）中的「衣」（*'adderet*）相同——也在以利亞和他繼承者以利沙的記載中，擔當了特別的角色。以利亞受命要膏立以利沙接續他，而他見到以利沙後所做的第一件事，就是把他的「外衣」搭在以利沙身上（王上十九19）。其後，當以利亞升天離開後，以利沙就用以利亞留下的「外衣」擊打約旦河水，使河水分開，讓他行走過去（王下二13～14）。所以，這「外衣」與先知的能力有關。有趣的是，以利沙雖然繼承了以利亞的「外衣」，但卻繼承不了以利亞「全身長毛」這個身體標記。當以利沙上去伯特利的時候，有些孩童出來譏笑他說：「禿頭的，上去吧！禿頭的，上去吧！」以利沙就咒詛他們，有兩隻長滿毛髮的母熊出來把當中四十二個孩童撕裂了（王下二 23～24）。以利沙之所以被譏笑，也可能出於孩童認為禿頭代表他沒甚麼能力。

經文接著記載以掃和雅各的成長及他們的性格：

> 兩個孩子漸漸長大，以掃善於打獵，常在田野；雅各為人安靜，常住在帳棚裏。以撒愛以掃，因為常吃他的野味；利百加卻愛雅各。（創二十五 27～28）

以掃「善於打獵，常在田野」，原文可直譯為他是「知道打獵、知道獵物的人」和「田野的人」。經文直接指出以掃是優秀的獵人，他知道如何打獵，裝設陷阱，也知道不同獵物的特性。他熟識田野，能夠辨認方向，了解不同地勢對狩獵的影響，也能從地土的細微變化發現動物的行迹等。身為傑出的獵人，以掃細心、勇敢、決斷、聰明，對事物觀察入微，手藝和體能了得。

「要贏在起跑線」是現今社會流行的一句話。從上面的分析來看，按今天的標準，以掃確實贏在起跑線。從以掃的出生到成長，經文對他的描述都是正面的。從這個角度看，我們甚至可以說，以掃已經是「被揀選」的。今天，我們是否還是在亟亟追求「要贏在起跑線」？或者為人父母的，一心想兒女「贏在起跑線」？而我們當中有幸「贏在起跑線」的人，是否認為自己正是「被揀選」的呢？是否會認定自己就是蒙上帝所愛、被祂選上的人？我們大多數人又是怎樣努力走這種「被揀選」的路的？然而，聖經這裏卻清楚告訴我們，上帝卻沒有「揀選」贏在起跑線的以掃，沒有叫他成為祂與以色列人立約的對象！

不被揀選，不等於不配被揀選——以掃輕看長子名分？

> [29] 有一天，雅各熬了湯，以掃從田野回來，疲憊不堪。
> [30] 以掃對雅各說：「我累死了，請你讓我吃這紅的，這紅
> 的湯吧！」因此以掃又叫以東。[31] 雅各說：「你今日把長子
> 的名分賣給我吧。」[32] 以掃說：「看哪，我快要死了，這長
> 子的名分對我有甚麼用呢？」[33] 雅各說：「你今日對我起誓
> 吧。」以掃就向他起誓，把長子的名分賣給了雅各。[34] 於

是雅各把餅和豆湯給了以掃，以掃吃喝以後，起來走了。這樣，以掃輕看他長子的名分。（創二十五 29～34）

不過，我們讀經時往往又很容易走向另一個極端。因著神沒有揀選以掃，我們又普遍認為以掃為人愚昧，這特別見於他「輕看長子的名分」一事，因此事實是——他根本不配被上帝揀選。我們之所以有這種觀念，可能也頗受希伯來書（早期基督教傳統）的影響：「要謹慎，免得有人失去了神的恩典；免得有毒根生出來擾亂你們，因而使許多人沾染污穢，免得有人淫亂，或不敬虔如以掃，他因一點點食物把自己長子的名分賣了。後來你們知道，他想要承受父親的祝福，竟被拒絕，雖然流著淚苦求，卻得不著門路使他父親回心轉意」（來十二 15～17）。希伯來書作者認為以掃把長子名分出賣一事，反映出他的「不敬虔」，亦因此雖然他後來苦苦哀求，想得著父親的祝福，卻還是得不著。篇幅所限，這裏不能詳細討論希伯來書作者如何理解舊約經文的問題，不過，關於創世記這段經文，有幾個問題還是值得我們再仔細思考。第一，以掃真的那麼需要食物？第二，以掃怎樣向雅各提出請求？第三、以掃吃的是甚麼？第四、「長子名分」是指甚麼？第五、以掃真的如我們所看到的經文所示，是「輕看」長子名分的嗎？以下會依次討論這幾個問題。

第一，**以掃真的那麼需要食物嗎？**經文記述「以掃從田野回來」，意味著他似乎已辛苦了一段時間，卻沒有甚麼收穫。有人認為這裏以掃誇大了自己的苦況，反映出他是一個要即時滿足肉身需要的人。不過，我們看到以掃形容自己「累死了」，和聖經敘事者的描述「疲憊不堪」，在原文是同一個形容詞（《和修》沒有採取一致的譯法。參《呂振中譯本》於 29、30 節均作「疲乏極了」），換言之，以掃對自己當時狀態的評估，和聖經敘事者對他的描述是一致的，這足證以掃並沒有誇大自己的疲憊程度。

那麼，「疲憊」和需要食物有甚麼關係呢？舊約聖經好幾次提及人「疲憊」時，均需要別人提供食物。當基甸帶領三百人追殺米甸王時，「他們雖然疲乏，還是追趕」。面對這情況，基甸就請求遇到的疏割人給他們食物，並重申這是「因為他們疲乏了」（士八 4～5）。另一處記載大衛和他追隨者逃避他兒子押沙龍追殺，在路上「非常疲乏，就在那裏歇息」，後來他們到了瑪哈念，那裏的人就帶食物給他們，因為瑪哈念那裏的人認為「百姓在曠野中，必定又飢渴又疲乏」（撒下十六 14，十七 29）。此外，掃羅在追殺非利士人期間，起誓不容百姓進食，結果百姓「疲乏」，最終致使約拿單嘗了「一點蜜」和百姓「急著撲向掠物……連肉帶血吃了」（撒上十四 29、31～32）。所以，「疲憊」與需要食物有密切關係，而以掃並沒有誇大自己的疲憊，食物也是他當時實際需要的。

第二，**以掃以怎樣的態度來請求雅各給他食物呢？**這裏，有兩點要留意。首先，以掃並沒有如《和修》的翻譯予人的印象般，好像要吃雅各所煮的整盤食物（「這紅的湯」）（《和合本》亦然：「這紅湯」）。《呂振中譯本》卻清楚翻譯為「那紅的那紅的，給我嘓點兒吧！〔編按：嘓，嚥下食物的聲音〕」，意即以掃的要求不多，只是想吃一點兒那些食物。此外，以掃向雅各發出請求時，用上了「請」一語（原文為 *na'*），那表示以掃縱然疲憊且極需要食物，仍然說話有禮。相對地，當雅各要以掃將長子名分賣給他時，用上的卻是命令語氣。或許，有人認為在上述情境下，以掃處於下風，說話自然要比較客氣，而雅各就不必如此。事實上，按創世記三十三章所載，當後來雅各回歸，誠惶誠恐下面見以掃，這時雅各確實是「請」以掃收下他帶來的禮物（創三十三 11），因生怕以掃報仇，對他不利。然而，我們也要留意一點，就是雅各回歸時，以掃雖然佔了上風，但當他回應雅各的建議時，仍然用上「請」一語——他說：「『請』讓我把跟隨我的人留幾個在你這裏。」（15 節；作者另譯）[4] 從上例可見，以掃無論處於上風下風，他基本上仍是語帶尊重。

第三，**以掃吃的究竟是甚麼呢？**以掃請求雅各給他一點「那紅的那紅的」之時（30 節），原文並無「湯」字，讀者要到 34 節才知悉那是「豆湯」。有人認為以掃連「湯」字也不懂得用，只重複說「紅的、紅的」，反映出以掃是個言語不清，或者只看表面的人。不過，另有學者指出，「湯」應是這類食物的統稱，而這類食物各有自己的名稱，因此以掃稱這「湯」為「紅的」，只是在叫出這種湯的專有名稱。此外，按希伯來文語法，連續重複用詞有強調之意，也有加強程度的意思。因此，以掃所說的，其實是「深紅色」，而經文後來就指出這是「豆湯」。

第四，**「長子名分」到底指甚麼？**「長子名分」這講法在舊約聖經共出現了十一次，而單在這段經文就已經出現了四次，明顯是重點所在。不過，它到底何所指？最清楚的説明可能是申命記二十一章 15 至 17 節：

> 人若有兩個妻子，一個是他寵愛的，另一個是失寵的，她們都給他生了兒子，但長子是他失寵妻子生的；到了分產業給兒子的時候，不可將自己寵愛的妻子所生的兒子立為長子，在他失寵妻子所生的長子之上。他必須認失寵妻子所生的兒子為長子，在所有的產業中給他雙分，因為這兒子是他壯年時生的，長子的名分應當是他的。

那麼，「長子名分」實質是指到甚麼呢？按申命記這段經文的規定，父親離世時，長子會承繼「雙分」的產業，即雙倍於他的弟弟。這正是「長子名分」所帶來的實際利益。回到創世記這段述事，以掃將「長子名分」賣給雅各，因他認為「我快要死了，這長子名分對我有甚麼用呢？」若如前述，以掃沒有誇大，他的確「疲憊不堪」，因而認為自己「快要死了」，這多少也可能反映出真實的景況。換句話說，若他認為自己真的要「餓死」了，長子名分所帶來的一切好處，自然亦會歸給雅各，那麼用長子名分來交換食物，也並非那麼不能理解的了。況且對於善於打獵的以掃來說，從事畜牧的父親所留下的家業亦未必那麼生死攸關。而事實上，以實質利益來衡量，把「長子名分」賣掉，對以掃真有很大的影響嗎？有學者就認為，「以掃的身分和地位並沒有因這次交易而有甚麼影響，正如創世記二十七章的內容所清楚展示出來的。」[5]

第五，**以掃「輕看」長子名分嗎？**創世記二十五章 34 節記下以掃一連五個行動：他吃了，他喝了，他起來，他走了，他輕看長子的名分。這裏有兩點值得討論。首先是「輕看」一語。「輕看」原文是 *bazah*，固然可以翻譯為「輕看」，但也可以理解為沒那麼負面的「忽略、沒有理會」。因此，有學者將第五個行動的語句翻譯為「以掃沒有想到他的長子名分」。[6] 其次，不少聖經譯本或學者都把第五個行動的語句理解為敍事者對以掃的評價，《和修》「這樣」一語，就是其中一個例子。這當然可以是其中一個解釋，但我們也可以把這五個行動看為以掃一個接著一個的行動。若採納後者，即以掃「沒有想到他的長子名分」，既不是用來總結以上的行動，也不是解釋為何以掃出賣長子名分，而是指出以掃吃、喝、起來、走了後，再沒有想到他那已經賣掉了的長子名分。

不少人認為以掃為人魯莽，輕視長子名分，因此不配被上帝揀選，成為立約的對象。然而，按上文分析，以掃或許並不如我們想像中那樣。我們之所以會有這樣的定見（若不是成見），多少是出於一種泛道德主義心態，太輕忽地將道德判斷讀進「不被揀選」的以掃的一切經歷，很容易就以這事後之見，對他所做的一切事都貼上負面評價，而忽視了上帝「揀選」的神學意涵。甚麼是「揀選」？上帝揀選與否，是按我們的「標準」嗎？是贏在起跑線？是我們膚淺的泛道德判準？以掃是否蒙上帝揀選，跟他日後的行徑如出賣長子名分有必然關係？譬如以承擔教會事奉甚至欲投身「全職事奉」為例，我們是否就會認為那些「不被揀選」的人，是因他們「不值得」、「不配得」被揀選？但請我們緊記：不被揀選，不等於他們「不配得」被揀選；相反，蒙揀選者，不等於他們就「配得」被揀選！下一段我們將再進一步看到，一個「不被揀選」的人，仍可以展現出非凡的善良。神的揀選，從來都是一個奧祕。

蒙福的不被揀選者——
被騙去祝福者對人的祝福：以掃的面如同上帝的面？

以掃出賣長子名分後，他和雅各的關係似乎沒有受到甚麼影響（這一點也間接印證了上文的討論）——直到雅各和他母親利百加合謀騙取以撒的祝福。創世記二十七章記載以撒年老，希望臨死前為以掃祝福，於是吩咐以掃出外打獵，為他預備美食，然後再為其祝福。然而，這事為利百加所知，她趁以掃出外打獵，就和雅各合謀，叫雅各偽裝以掃，騙取以撒原先給以掃的祝福。當以掃打獵回來，發覺雅各已經騙取了他應得的祝福。因此以掃怨恨雅各，想要殺死他。利百加於是差雅各到她哥哥拉班那裏，一心希望以掃消氣後，把雅各接回來。然而，竟待到差不多二十年後，雅各才離開拉班，與以掃再相見。

雅各回歸與以掃相會的事，記載在創世記三十二至三十三章。經文中有幾處地方跟這章的重點有關。雅各回歸與以掃相見的過程中，充滿了恐懼和愁煩，生怕以掃會擊殺他及他家人，以報當年被騙去祝福之仇（創三十二 6～12）。而途中他在雅博渡口遇見「有一個人來和他摔跤」，令他的大腿瘸了，卻蒙那人給他改名為「以色列」，並說「因為你與神和人較力，都得勝了」。於是，雅各給那地方起名叫「毗努伊勒」（三十二 22～32）。接下來的事記載在創世記三十三章 1 至 17 節：

> [1]雅各舉目觀看，看哪，以掃來了，有四百人和他一起。
> 雅各就把孩子們分開交給利亞、拉結和兩個婢女。[2]他叫
> 兩個婢女和她們的孩子走在前頭，利亞和她的孩子跟在
> 後面，而拉結和約瑟在最後。[3]他自己卻走到他們前面，
> 一連七次俯伏在地才挨近他哥哥。[4]以掃跑來迎接他，將
> 他抱住，伏在他的頸項上親他，他們都哭了。[5]以掃舉目
> 看見婦人和孩子，就說：「這些和你一起的是誰呢？」雅
> 各說：「這些孩子是神施恩給你僕人的。」[6]於是兩個婢女
> 和她們的孩子前來下拜，[7]利亞和她的孩子也前來下拜，
> 隨後約瑟和拉結也前來下拜。[8]以掃說：「我所遇見的這
> 些畜羣是甚麼意思呢？」雅各說：「是為了要在我主眼前

蒙恩。」[9]以掃說：「弟弟啊，我的已經夠了，你的你自己
留著吧！」[10]雅各說：「不，我若在你眼前蒙恩，就請你從
我手裏收下這禮物；因為我見了你的面，如同見了神的
面，並且你也寬容了我。[11]請你收下我帶來給你的禮物，
因為神恩待我，使我一切都充足。」雅各再三求他，他才
收下。[12]以掃說：「讓我們起身前行，我和你一起走吧。」
[13]雅各對他說：「我主知道孩子們還年幼嬌嫩，我的牛羊
也正在哺乳中，只要催趕一天，羣羊都會死了。[14]請我主
在僕人前面先走，我要按著在我面前的牲畜和孩子的步伐
慢慢前進，直走到西珥我主那裏。」[15]以掃說：「讓我把跟
隨我的人留幾個在你這裏。」雅各說：「何必這樣呢？只
要能在我主眼前蒙恩就夠了。」[16]於是，以掃當日起行，
回西珥去了。[17]雅各就往疏割去，在那裏為自己蓋房屋，
又為牲畜搭棚，因此那地方叫疏割。

雅各和以掃見面時，雅各仍是戰戰兢兢。不過，以掃的反應是「跑來迎接他」、「抱著他」、「伏在他頸項上」、「親他」，然後二人「哭了」。以掃的反應並不單是禮儀上的表達歡迎，而是反映了他真的誠心實意渴

望接待雅各。創世記只兩次記載以掃「哭了」。第一次是當以掃發覺雅各騙去他該得的祝福之後，他哭著懇求父親給他祝福。第二次就是與雅各再相遇的時候。雅各希望將畜羣送給以掃，以換取以掃的接納。以掃起初沒有接受。三十三章 10 至 11 節有兩處值得我們留意。首先，10 節和 11 節都有「禮物」一語。不過，10 節的「禮物」原文為 *minkhah*，而 11 節的「禮物」則是 *berakah*。而 *berakah* 與創世記二十七章雅各所騙去的「祝福」正是同一個字！雅各想向以掃說明，送給他的畜羣，不但是給以掃的「禮物」(*minkhah*)，更是還給他的「祝福」(*berakah*)！藉此，雅各想向以掃表明，他當年欺騙以掃的「祝福」，希望如今歸還。其次，雅各對以掃說：「因為我見了你的面，如同見了神的面。」在舊約聖經中，只有這裏把一個人的面看為如同上帝的面。這句話可與雅各在毗努伊勒事件中所說的另一句話作比較：

- 創世記三十二章 30 節：「我面對面見了神，我的性命仍得保全。」(指遇見毗努伊勒的「那人」)
- 創世記三十三章 10 節：「我見了你的面，如同見了神

的面，並且你也寬容了我。」(指遇見以掃)

兩者用字雖然稍有不同，不過其共通點明顯可見。正如雅各想不到面對面見了神，但竟然可以存活那樣，他也想不到見了以掃的面，竟然可以存活！前者是「我的性命」可以保全，但沒有明顯提及神的角色在其中；但後者則清楚說明是「你」以掃接納了「我」雅各，正如雅各所期盼的那樣(參創三十二 20 及三十三 10)。

以掃不但沒有選擇報復，反以至誠之心接待歸回的弟弟雅各。以掃也沒有要求雅各以「祝福」回報他被騙去的「祝福」，而只一心以寬容接納雅各。結果，在雅各眼中，這就如同上帝待雅各那樣！對以掃來說，贏在起跑線，卻不被揀選；失去長子名分，繼而又被騙去祝福，致大起殺機。但這一切的失意卻沒有成為他人生的全部。以掃選擇放下，衝破陰霾，以善報惡，展現人性美好的一面。

結語

以上的討論讓我們更立體地認識以掃。他出生如英雄，滿有力量；他細心、精明、勇敢、強壯。他疲憊之時出賣了長子名分，不必然意味著他愚昧魯莽，或所謂「輕看」這長子名分。更叫我們印象深刻的是，他怎樣寬待曾欺騙他的孿生弟弟雅各，致令雅各形容見到以掃的面，就「如同見了神的面」。不過，儘管如此，上帝還是揀選雅各。上帝的揀選的確是奧祕，往往是我們所不能完全理解的。因此，我們不應該倒果為因，以事後之見抹黑以掃，以示他罪有應得，所以不配得著上帝的揀選，好合理化我們自訂的「標準」；也不應該為雅各的行徑貼金，認為他勇於爭取，目光遠大，與上帝的揀選相配。上帝的揀選誠然逆轉了時人長子為重的傳統，但我們也不應視之為上帝必然有我們認為合理的原因，如人擁有某些特質、品性，便必然揀選這人，不揀選那人，而忘記了揀選是出於上帝大能的主權。從以掃身上，我們看到更為重要的是，對於所謂「沒有被上帝選上」的人，無論按世界的標準他的遭遇是多麼不公平、不合理，但人還是可以選擇帶著尊嚴、正直，甚至以非比尋常的寬容去面對人生，讓人從他身上「如同見了神的面」——

也許，這才是他人生最大的祝福，無論對自己還是對別人。

思考問題

1. 你認為神「揀選」人是按甚麼標準的？你覺得上帝的揀選公平嗎？
2. 你試過被親人傷害嗎？你如何面對傷害過你的親人？這些經歷對你又有甚麼影響？
3. 你試過遇見一些人，從他們身上可以看見「神的面」嗎？這些人有何特質？
4. 看過本書第二、三章，你喜歡「以掃」還是「雅各」多一點呢？為甚麼？如果讓你選擇，你情願自己是「以掃」還是「雅各」呢？為甚麼？

註釋

1. 創世記三十六章則記載以掃的後代。
2. Gordon Wenham, *Genesis 16～50* (WBC 2; Dallas: Word, 1994), 169.
3. David Toshio Tsumura, *The First Book of Samuel* (NICOT; Grand Rapids: Eerdmans, 2007), 423.
4. 按原文用字翻譯，可惜《和修》忽略了這些細節。
5. M. Tsevat, "*b^e khór, bkr, b^e khōrāh, bikkúrím,*" *Theological Dictionary of the Old Testament* 2:126.
6. R. Christopher Heard, *Dynamics of Diselection* (Semeia Studies 39; Atlanta: SBL, 2001), 103, 107.

4. 與平凡的距離

性格模糊的以撒？

平凡，不等於不值得欣賞；平凡，倒可以細水長流。

要比較的話，
比較的重點不在判定優劣，
而在發現其獨特之處，
並以此肯定他這個獨特的人。

平凡若我？

舊約聖經多次把亞伯拉罕、以撒和雅各三位族長的名字並列。

當以色列人在埃及為奴，歎息哀求，上帝就「聽見他們的哀聲，就記念他與亞伯拉罕、以撒、雅各所立的約」（出二 24；另參利二十六 42 及王下十三 23）。上帝在焚燒的荊棘中向摩西自我介紹時，稱自己為「你父親的神，是亞伯拉罕的神，以撒的神，雅各的神」（出三 6）。上帝也吩咐摩西用這樣的稱謂來告訴以色列人，差派他到以色列人中間的，是「耶和華——你們祖宗的神，就是亞伯拉罕的神，以撒的神，雅各的神……」（出三 15；參出三 16，四 5）。上帝提及迦南地時，也多次表明這地是祂向「亞伯拉罕、以撒、雅各」起誓要賜給他們和他們後裔的（出六 8，三十三 1；民三十二 11；申一 8，六 10，九 5，三十 20，三十四 4）。這些經文把三位族長的名字緊扣在一起，意味著他們代表以色列整個民族，是當中最顯赫的人物，同享尊貴的身分地位，值得以色列人自豪。話雖如此，在不少人心中，以撒總像是較遜色的一位。若我們翻看一些近代學者的著作，亦可以看見他們對以撒有著怎樣不一樣的評價。霍克斯（Everett Fox）重新翻譯摩西五經時，在簡介雅各這位族長時，就評論說：

> 以撒在創世記中是個典型的第二代人物，意思就是他是個傳遞者，是一個穩定的力量，卻沒有主動參與在建立人民的過程中。他除了以兒子、承繼者、丈夫或父親的角色出現外，沒有甚麼故事記載他的事迹……這一切所要指出的是，他並沒有個人性格……亞伯拉罕是一位傑出人物，他與上帝的親密關係，和他處理各樣攔阻時所展現出來的能力，都成為別人難以企及的榜樣。這樣看來，再加上以撒可以說是毫無性格這件事……書卷愈來愈清楚顯示雅各才是它所浮現出來最有動態和最有個人性格的人物。[1]

博格曼（Paul Borgman）在他的《創世記：我們從沒有聽過的故事》（*Genesis: The Story We Haven't Heard*）中論到以撒時這樣說：

> 亞伯拉罕的兒子以撒……是個失敗人物。他被動、無能，以致不可能在記載他的故事中找到他的任何特點……我們並不知道，以撒的被動及糊塗是否先天的，還是因他被父親綁在祭壇上，向他舉刀的經驗，使他受到終身創傷。但可以肯定的是，他不可能在現實世界中好好地生活。[2]

詹曾（Gerald Janzen）在他的創世記註釋中比較以撒和亞伯拉罕這兩位族長時說：

> 在「亞伯拉罕、以撒、雅各」這個公式中，以撒比起另外兩位似更為暗淡……在創世記二十二章戲劇性高潮的記載後，以撒似是在一種反高潮的疲憊光景中，度過他餘下的日子，他惟一可以做的就是模仿他父親生命中的點點滴滴。[3]

以上幾段引文對以撒的評價都相近。以撒一方面遠遠不及他父親亞伯拉罕和他兒子雅各，另一方面他也沒有甚麼過人之處，可以讓人去表揚。大家會強調亞伯拉罕的信心；我們也會強調雅各主動爭取他想要的東西，縱然我們不一定認同他的行為。不過，以撒呢？我們對他印象最深的，就是他被亞伯拉罕帶到山上，要把他獻給上帝；不然就是他被雅各所騙，奪走了原本給以掃的祝福等事情。在這些事件中，如博格曼所言，以撒總表現得被動和無能。大家會鼓勵我們要學效亞伯拉罕的信心，特別當他連往甚麼地方也不知道之時，竟願意相信上帝，離開自己成長的地方吾珥和他的家族親人。至於雅各，我們不一定認同他的種種行徑，但他總是那麼拼命要抓住上帝，要得著祝福，也提醒我們要學習緊緊的抓住上帝。但我們要學效以撒的甚麼呢？他像是一個沒甚麼個性的人，教我們想不起他有甚麼值得效法的地方。

事實上，我們的社會標榜個性，特別是一些明顯的性格「優勢」。例如主動、進取、善於表達，均成了值得學效的優點。但被動、內斂、不善表達，便被視為弱點，不值得羨慕。但這樣的判準真的完全正確嗎？而且，這會否慢慢讓我們只著眼於一些外在的、外顯的所謂「優勢」，而忽略了從更整全的角度來理解一個人？下面我們試從三件事，比較一下以撒跟父親、兒子的行事為人的分別，看看能否更立體、更整全地了解以撒的性格，看清楚這個常被人忽略、甚至「誤解」的族長。

單愛一人——撫愛妻子的人

要了解一個人是怎麼樣的人，其中一個方法就是看他怎樣對待他的伴侶。創世記有好些經文提及三位族長和他們的妻子。亞伯拉罕一共娶了多少妻妾呢？亞伯拉罕（當時還是叫「亞伯蘭」）離開吾珥時已經娶妻，妻子叫「撒萊」（即後來改了名的「撒拉」），那時亞伯拉罕已經七十五歲（創十一31，十二4）。他得著上帝的應許，後裔要成為大國，可他卻遲遲未有子裔（有關這方面的故事，詳參本書第一章）。於是，住在迦南地十年之後，他妻子撒萊就將婢女夏甲給了丈夫為妾（創十六3）。撒拉去世之後，亞伯拉罕再娶了基土拉為妻，另外也娶了一些女子為妾（創二十五1、6；編按：注意6節的「妾」是眾數，見《呂振中譯本》譯為「眾妾」)。在亞伯拉罕、以撒和雅各三人之中，妻妾數目最多的就是亞伯拉罕。不過，亞伯拉罕和他妻妾的關係是怎樣的呢？亞伯拉罕「愛」她們嗎？——但觀乎聖經的敍事，經文完全沒有記載過亞伯拉罕對她們有甚麼感情的流露，惟一的例外就是當撒拉去世時，他「來哀悼撒拉，為她哭泣」(創二十三 2)。

對比亞伯拉罕，雅各娶妻的經歷就複雜得多。他為了逃避哥哥以掃的追殺，到了舅父拉班的家。他看中拉班的小女兒拉結。經文說「雅各愛拉結」，他為娶拉結而願意服事拉班七年。而且經文進一步記載，雅各「因為愛拉結，就看這七年如同幾天」(創二十九 18～20)。然而，當雅各以為可以娶得拉結時，拉班竟然暗中調包，把大女兒利亞給雅各作妻子，要雅各答允再服事他七年才把拉結給他為妻。雅各「愛拉結勝過愛利亞，於是他又服事了拉班七年」(30 節)。經文三次提及雅各「愛」拉結，把雅各對拉結的感情，清清楚楚地表達出來——但同時反映出他沒有將愛給利亞。後來利亞懷孕生了第一個兒子，並給他起名叫「呂便」，期望丈夫會因此「愛」她

（32 節）。後來，因著利亞停了生育和拉結未能生子，便各自把自己的婢女給了雅各為妾。拉結的婢女是辟拉，利亞的婢女是悉帕，她們四人先後成為雅各的妻妾，不過惟有拉結是雅各所「愛」的。

相對而言，以撒的妻子就只有利百加一人。這個妻子也得來不易，不過，經歷當中困難的不是以撒自己，而是亞伯拉罕所差派到他本地本族去，為自己兒子尋找妻子的僕人（參創二十四章）。僕人帶領利百加到以撒所住之處，把他所作的一切都告訴以撒。經文記載說：「以撒就領利百加進了母親撒拉的帳棚，娶了她為妻，並且愛她」（創二十四 67）。與亞伯拉罕和雅各不同，以撒一生就只有一位妻子。而在創世記中，這是第一次描述丈夫「愛」妻子。[4] 而且，以撒對利百加的愛甚至在公開場合中表現出來：「他〔以撒〕在那裏住了一段很長的日子。有一天，非利士人的王亞比米勒從窗戶往外觀看，看哪，以撒在撫愛他的妻子利百加」（創二十六 8），這就更是聖經中少有的記載。或許我們可以猜想，正是因為以撒對利百加的愛，容讓了利百加和雅各對他的欺騙發生。而雅各對妻子拉結的愛，是否也受他父親以撒對利百加的愛所影響呢？無論如何，以撒對利百加專一的愛是不容置疑的——當然，以撒和利百加的關係，可能比這裏所描述的遠為複雜，畢竟現實人生世事多虞，如以撒亦曾因害怕的緣故而向人表示利百加是他妹子，不過這無礙以撒愛利百加這一事實。

代禱同行——為妻子祈求的人

亞伯拉罕、以撒和雅各都曾面對當時人眼中的一個極重要課題，就是妻子不能懷孕生子的問題。一方面這是對「後裔」的應許的挑戰，另一方面古時女子婚後未能生育，會被視為奇恥大辱，故此丈夫如何看待這件事和怎樣關心她，對妻子來說是攸關重要的（亦可參撒上一 1～19 以利加拿對待他不能生育的妻子哈拿的故事）。那麼，三位族長如何回應這挑戰呢？

本書第一章也曾提及亞伯拉罕如何面對妻子不生育的問題，不過，當中我們要特別留意一點，就是雖然有使者向亞伯拉罕應許撒拉會懷孕生子，但聖經卻沒有記載亞伯拉罕聽到後有何反應（創十八 10～11）！另一方面，亞伯拉罕如何對待不生育的妻子呢？他有過怎樣的關心？經文仍然保持緘默。

雅各從一開始就不必面對沒有後裔的問題。他第一個妻子利亞一開始就給他生下呂便、西緬、利未和猶大（創二十九 32～35）。不過，他所愛的拉結卻沒有生育。面對不能生育的拉結，雅各的態度是怎樣的呢？經文告訴我們：

> 拉結見自己不給雅各生孩子，就嫉妒她姊姊，對雅各說：「你給我孩子，不然，讓我死了吧。」雅各對拉結生氣，說：「是我代替神使你生不出孩子的嗎？」（創三十 1～2）

明顯地，雅各知道拉結不生育與自己無關——這是拉結的問題，也是上帝如何對待拉結的問題！因此，他說得明白，「是我代替神使你生不出孩子的嗎？」既然是上帝使拉結生不了孩子，這就不是雅各自己所能解決的問題了。不過，值得留意的是，當拉結因此而困惑苦惱時，雅各對「愛」妻的反應竟然是「生氣」！雅各不但沒有安慰拉結，沒有表現出他對她的「愛」，他更未能包容和接受拉結的困苦。雖然多年前他願意為迎娶拉結而甘心服事拉班十四年，不過在不生育一事上，他卻對她「生氣」！也許對已經穩得後裔的雅各來說，拉結不生育並不是他的關注所在。最終，經文提及「神顧念拉結，應允她，使她能生育」（創三十 22），雅各像完全置身事外似的，即沒有跟拉結共同面對這事，也沒有為拉結向上帝祈求——是拉結自己祈求上帝幫助，上帝就記念和聆聽拉結，讓她誕下約瑟和便雅憫。

以撒又如何？娶利百加的時候他四十歲，也面對著妻子不生育的問題。但他如何面對呢？經文說：

> 以撒因他妻子不生育，就為她祈求耶和華。耶和華應允他的祈求，他的妻子利百加就懷了孕……兩個兒子出生時，以撒六十歲。（創二十五 21～26）

有別於亞伯拉罕和雅各，以撒以積極正面的行動來回應妻子不生育的問題。他「為她」祈求耶和華。「為她」按原文意思是「在她面前」，意指站在她面前向上帝祈求。他沒有置利百加不能生育於不顧，反積極與她同行，站在她面前向上帝祈求。而且，以撒之所以祈求，更可能並非單單為著得到後裔，也可能是出於對妻子的「愛」——從經文我們看不到利百加為著不生育一事而大費周章，沒有如撒萊要找來其他女子代她生子，也沒有如拉結百般苦惱，看上去利百加好像沒有生子的壓力。接著，經文清楚説明「耶和華應允了他的祈求」。利百加所以能夠懷孕，是因為以撒為她祈求，上帝應允了以撒的禱告。值得留意的是，以撒娶利百加時是四十歲，而兩個兒子出生時他已經六十歲。原來他為利百加祈求，有機會長達十多二十年之久。他對利百加的「愛」是多麼深厚呢！有趣的是，亞伯拉罕也曾向上帝禱告，以致上帝醫治亞比米勒的妻子和使女，使他們能夠生育（創二十17）。既然亞伯拉罕的禱告大有功效，為何他不為撒拉祈禱呢？

在妻子不生育一事上，我們見到亞伯拉罕、以撒和雅各的不同反應：亞伯拉罕「保持緘默」；雅各則對拉結「生氣」；惟有以撒願意為他所「愛」的妻子利百加祈求，並且多年來一直代禱同行，至最終得蒙上帝應允。今天，我們也常常為人代禱，但我們願意長期的同行嗎？

若要十多二十年代禱同行，而期間很多時都可能看不到(即時的)改變，又如何？而這種默默的同行，在人眼中可也不是甚麼驚天動地的行動。或許，亦正因如此，我們更容易忽略了一種細水長流式的愛的行動。

忍讓無爭——不與人相爭的人

這三位族長除了同樣面對妻子不生育的問題，也經歷過與外人在資源上的爭逐——使用水井。亞伯拉罕的經歷如下：

> 先前，亞比米勒的僕人霸佔了一口水井，亞伯拉罕為這事責備亞比米勒。亞比米勒說：「我不知道誰做了這事，你也沒有告訴我，我到今日才聽到。」亞伯拉罕把羊和牛給了亞比米勒，二人就彼此立約。亞伯拉罕把七隻小母羊另放一處。亞比米勒對亞伯拉罕說：「你把這七隻小母羊另放一處是甚麼意思呢？」他說：「你要從我手裏接受這七隻小母羊，作我挖了這口井的證據。」所以他給那地方起名叫別是巴，因為他們二人在那裏起了誓。(創二十一25～31)

亞伯拉罕原先挖了一口井，後來卻被亞比米勒的僕人霸佔。面對不公平的對待，亞伯拉罕沒有退縮，反而直斥亞比米勒的不是。然而，在別人形勢比自己強之時，亞伯拉罕亦只能主動把牛羊送給亞比米勒，好修補破壞了的關係，讓大家能彼此立約。不但如此，亞伯拉罕還另外送給亞比米勒七隻小母羊，要亞比米勒同意這口井確是亞伯拉罕所挖掘，也應該屬於他。所以，亞伯拉罕雖然口頭上責備亞比米勒，但在實際行動上卻還是採取比較忍讓的做法，以保持立約的關係，也重申得到確認他擁有這口井的主權。

雅各不曾經歷自己所挖掘的井被人霸佔，但他經歷過水井使用權的挑戰。經文這樣記載：

> 雅各起行，到了東方人之地。他觀看，看哪，田間有一口井，看哪，有三羣羊臥在井旁；因為人都取那井裏的水給羊喝。井口上的那塊石頭很大。羊羣都在那裏聚集，人就把石頭移開井口，取水給羊喝，然後又把石頭放回井口原處。雅各對他們說：「弟兄們，你們從哪裏來？」他們說：「我們是從哈蘭來的。」他對他們說：「你們認識

> 拿鶴的孫子拉班嗎？」他們說：「我們認識。」雅各對他們說：「他平安嗎？」他們說：「平安。看哪，他女兒拉結和羊一起來了。」雅各說：「看哪，日正當中，不是牲畜聚集的時候。你們取水給羊喝，再去牧放吧！」他們說：「我們不能這樣，必須等所有的羊羣聚集，人把石頭移開井口，我們才可以取水給羊喝。」雅各正和他們說話的時候，拉結和她父親的羊來了，因為她是牧羊的。雅各看見他舅父拉班的女兒拉結和舅父拉班的羊羣，就上前把石頭移開井口，取水給舅父拉班的羊喝。雅各親了拉結，就放聲大哭。雅各告訴拉結，自己是她父親的親戚，是利百加的兒子。拉結就跑去告訴她父親。（創二十九 1～12）

那時眾人把石頭放在水井上，目的是不讓人隨便打水。時人還定下規矩，要所有羊羣聚集，才可以把石頭移開，取水給羊喝。這個做法涉及水井使用權的安排。不過，當雅各看見舅父拉班的女兒拉結帶來羊羣，他就上前把石頭移開，取水給拉班的羊羣喝。從這個記載我們見到雅各擁有過人的力量，原需集多人之力才可以移開井口上的石頭，但雅各一個人就可以辦到。此外，他只因看見拉班的羊羣來到，就把石頭移開，完全沒有理會牧羊人慣常的處事方式。雅各是個想要得到甚麼就主動爭取的人，而不大理會別人的習慣或規矩，也不在乎是否需要與人協商。

有關以撒的水井故事，經文較長：

> 以撒在那地耕種，那一年有百倍的收成。耶和華賜福給他，他就發達，日漸昌盛，成了大富翁。他有羊羣牛羣，又有許多僕人，非利士人就嫉妒他。他父親亞伯拉罕在世的時候，他父親的僕人所挖的井，非利士人全都塞住，填滿了土。亞比米勒對以撒說：「你離開我們去吧，因為你比我們強盛得多。」以撒就離開那裏，在基拉耳谷支搭帳棚，住在那裏。他父親亞伯拉罕在世的時候所挖的水井，在亞伯拉罕死後，都被非利士人塞住了，以撒就重新把井挖出來，仍照他父親所取的名為它們命名。以撒的僕人在谷中挖井，就在那裏得了一口活水井。基拉耳的牧人與以撒的牧人相爭，說：「這水是我們的。」以撒就給那井起名叫埃色，因為他們和他相爭。以撒的僕人又挖了一口井，他們又為這井相爭，以撒就給這井起

名叫西提拿。以撒離開那裏，又挖了一口井，他們不再為這井相爭了，他就給那井起名叫利河伯。他說：「耶和華現在給我們寬闊之地，我們必在這地興旺。」以撒從那裏上別是巴去。當夜耶和華向他顯現，說：「我是你父親亞伯拉罕的神。不要懼怕，因為我與你同在，要賜福給你，也要為我僕人亞伯拉罕的緣故，使你的後裔增多。」以撒就在那裏築了一座壇，求告耶和華的名，並且在那裏支搭帳棚；他的僕人就在那裏挖了一口井。亞比米勒同他的顧問亞戶撒和他軍隊的元帥非各，從基拉耳來到以撒那裏。以撒對他們說：「你們既然恨我，趕我離開你們，為甚麼又到我這裏來呢？」他們說：「我們明明看見耶和華與你同在；因此就說，讓我們雙方彼此起誓，我們跟你立約，使你不加害我們，正如我們未曾侵犯你，素來善待你，並且送你平平安安地走。你是蒙耶和華賜福的！」以撒為他們擺設宴席，他們就一起吃喝。他們清早起來，彼此起誓。以撒送他們走，他們就平平安安地離開他去了。那一天，以撒的僕人來，把挖井的消息告訴他，說：「我們得到水了。」他就給那井起名叫示巴，因此那城名叫別是巴，直到今日。（創二十六 12～33）

從以上記載，我們見到以撒是個不願與人相爭的人。非利士人把他父親挖掘的井塞住了，他就重新把井挖出來。後來他的僕人在谷中挖第一口井，別人前來相爭，他就在別處再挖第二口井。又有人來相爭，他又在別處挖第三口井，直到別人不再到來相爭。其後，他又再挖第四口井，故事最後以他們「得到水」作結。以撒的忍讓最終叫亞比米勒等人不再與他相爭，也讓亞比米勒看見耶和華與他同在，而主動要求與他立約。以撒處事忍讓，並不是因為別人的形勢比他強，以致不得不妥協，就如亞伯拉罕那樣。當初他比亞比米勒強盛，但當別人強請他離開，他並沒有拒絕或作出報復。後來亞比米勒主動來到他那裏要求立約時，他不單沒有拒絕，甚至還設宴款待亞比米勒。

忍讓，在這個世代不會人人認同（或者根本一直以來都不會人人欣賞）。不過，主耶穌的一生，特別是甘願被拿、被審，甚至被掛在十字架上，是否正表現出一種不以己力屈人，謙虛忍讓的精神（腓二5～11）？這樣的以撒，又是否真的如很多人所認為的是沒有性格呢？

結語

哪些人、甚麼特徵是成功的指標，值得我們效法？是我們所標榜的亞伯拉罕的超然信心？是雅各所表現出來的積極爭取？人不懂欣賞以撒，視他為軟弱沒個性，是否因為他沒有我們今天所屬意的所謂「優點」？然而，從上述的經文比較，我們看到以撒情感豐富，一生只愛利百加一人；他願意多年一直與所愛的人同行，為她祈求；他不好勝，不愛與人爭鬧，不會一味以己力壓人，結果他的平和忍讓，教人看見上帝與他同在。

其實每個人都有不同個性，而每一種個性背後，也總有其長處短處，有其光明面和黑暗面。我們需要學習整全地認識和接納他人，也同樣整全地認識和接納自己。接納自己的所謂「優點」容易，我們甚至可能會將這些優點放大，以致認為每個人都應該有這種「理想」特質，然而，我們如何認識並面對別人眼中自己的所謂「弱點」？巴默爾（Parker J. Palmer）曾經這樣說過：

擁抱弱點、短處、黑暗面作為我這個人的一部分，這樣做

> 反而可以讓我不會受這個部分控制，因為它要的只不過是我承認它是我完整個人的其中一部分。同時，擁抱個人的完整性其實對生命有更高的要求——因為一旦開始，你就要活出自己完整的生命。[5]

以上將三位族長對照，本意並非要指出以撒比亞伯拉罕或雅各優勝。這種想法仍然停留在一種比較個性強弱的思維模式之中。這裏要說的是，我們要以以撒的獨特性來看以撒，要整全地看他整個人。若果真要比較的話，比較的重點不在判定優劣，而在發現其獨特之處，並以此肯定他這個獨特的人。以撒一生以他自己的方式生活，以他自己的生命發聲，以他自己之所是為上帝所用，其名字出現在「亞伯拉罕、以撒、雅各的神」這個對上帝的稱呼中。以撒只能以他作為以撒而活出上帝所賜給他的天賦，而不應、也不需以活出如亞伯拉罕或雅各的生命作為他人生的標竿。

那麼，你認識自己的獨特之處嗎？你的強項是甚麼？弱項又是甚麼？你接納自己整個人嗎？你又會如何以你自己之所是來事奉上帝呢？

思考問題

1. 你喜歡自己的性格嗎？為甚麼？
2. 你認為你個人有甚麼優點、有甚麼缺點？你最不接受自己的是甚麼地方？
3. 你認為有所謂「成功的性格」嗎？為甚麼？你心目中的「成功人士」是怎樣的？
4. 你試過長期為一件事祈禱嗎？禱告了多久？結果又怎樣？

註釋

1. Everett Fox, *The Five Books of Moses: A New Translation with Introductions, Commentary, and Notes* (New York: Schocken, 1995), 111.
2. Paul Borgman, *Genesis: The Story We Haven't Heard* (Downers Grove: IVP, 2001), 124～125.
3. J. Gerald Janzen, *Abraham and All the Families of the Earth: A Commentary on the Book of Genesis 12～50* (International Theological Commentary; Grand Rapids: Eerdmans, 1993), 99.
4. 舊約聖經中第一次出現「愛」這個動詞是在創世記二十二章2節，講的是以撒是亞伯拉罕所「愛」的。從這看來，難道亞伯拉罕「愛」他的兒子以撒，比他的妻子撒拉還多嗎？
5. Parker J. Palmer, *Let Your Life Speak: Listening for the Voice of Vocation* (San Francisco: Jossey-Bass, 2000), 71.

Part III

暗黑的事奉

5. 與初心的距離

被自我蠶食的基甸？

為何人總會忘記初心？那個愈長愈大的「我」，何竟最終變成了自己敬拜的對象？

一切權力，
特別領袖及
領導層的權力，
均需要制衡。

鑑戒：歷史總是在重複？

曾經有一個年輕事奉者對我說：「假如將來我變成某某那樣，你記得要狠狠『鬧醒』我！」我們談到的是一個教會領袖的改變。剛承擔事奉時，無人會想到他後來竟然會變得這樣專橫、嫉妒、不講理、純以個人喜好論斷人，而現在他關心的，好像不再是主的羊，而是個人的榮辱得失。現在的他與過去的他竟然有這麼大的分別！相反，有些教會領袖隨著年日過去而變得更有智慧，更包容，更體諒，處事公私分明，就算對方意見不同都總帶著尊重。為何有些人會變得更有牧者心腸，另一些人則變得更加驕傲，專橫跋扈，不可一世呢？（當然，每個人的性格和際遇都不一樣，難以一概而論。）而這裏要看的聖經人物基甸，正可說是其中一位「改變」甚大的有名士師。

基甸的故事記載在士師記六章 1 節至八章 32 節。參照學者們提出的士師記循環結構，我們看到基甸的故事也大致吻合。

士師記的循環結構	基甸故事的結構
1. 以色列人行耶和華眼中看為惡的事，敬拜巴力及離棄耶和華。	1. 以色列人的叛逆（士六 1a）。
2. 耶和華就把他們交在外邦人手中。	2. 耶和華把以色列人交在米甸人手中（士六 1b ～ 6a）。
3. 以色列人就向上帝呼求。	3. 以色列人就向耶和華呼求（士六 6b）。
	4. 上帝差遣先知指責以色列人（士六 7 ～ 10）。
4. 上帝就差遣士師拯救他們。	5. 上帝就差遣士師基甸拯救以色列人（士六 11 ～八 27）。
5. 地就太平……年。	6. 結語：地就太平四十年和基甸之死（士八 28 ～ 32）。

至於上帝差遣基甸拯救以色列人的敍事(上表點 5)，亦即基甸故事的核心部分，可再細分如下：

一、基甸在俄弗拉被揀選作士師（士六 11～32）

　　a. 基甸由懷疑到相信（士六 11～24）

　　b. 基甸拆毀巴力的壇（士六 25～32）

二、基甸攻打米甸人（士六 33～八 21）

　　a. 基甸作領袖攻打米甸人（士六 33～七 8）

　　b. 攻打米甸人至約旦河西（士七 9～八 3）

　　c. 攻打米甸人至約旦河東（士八 4～21）

三、基甸戰勝米甸後歸回俄弗拉（士八 22～27）

　　a. 基甸拒絕作王（士八 22～23）

　　b. 基甸立以弗得（士八 24～27）

從這個大綱，我們看基甸這段敍事在俄弗拉開始，也在俄弗拉結束，可算是一種首尾呼應。由開始到結束，基甸的改變很是明顯。開始時，他按上帝的吩咐拆毀巴力的壇，但卻因害怕而只敢在夜間行事。然而，到結束時，他卻是光明正大地在同一地方設立以弗得，使之「成了基甸和他全家的圈套」（士八 27）。歷史和人生之諷刺莫過於此。這亦應成為每個立志服事上帝者的鑑戒。下文將詳述基甸的轉變過程。

初心：關心羣體．重視上帝

基甸的故事以以色列人叛逆耶和華開始（士六 1a），是循環的第一個元素（參士三 7、12，四 1，十 6，十三 1；參八 33）。接著，上帝把他們交在外邦人手中（士六 1b ～ 6a），他們因此呼求上帝（士六 6b）。上帝就在俄弗拉揀選基甸。故事記載如下：

> [11] 耶和華的使者到了俄弗拉，坐在亞比以謝族約阿施的橡樹下。約阿施的兒子基甸正在醡酒池那裏打麥子，為了躲避米甸人。[12] 耶和華的使者向基甸顯現，對他說：「大能的勇士啊，耶和華與你同在！」[13] 基甸對他說：「主啊，請容許我說，耶和華若與我們同在，我們怎麼會遭遇這一切事呢？我們的列祖告訴我們：『耶和華領我們從埃及上來』，他那奇妙的作為在哪裏呢？現在耶和華卻丟棄了我們，把我們交在米甸人的手掌中。」[14] 耶和華轉向基甸，說：「去，靠著你這能力拯救以色列脫離米甸人的手掌。我豈不是已經差遣了你嗎？」[15] 基甸對他說：「主啊，請容許我說，我怎能拯救以色列呢？看哪，我這一

支在瑪拿西支派中是最貧寒的，我在我父家又是最微小的。」[16]耶和華對他說：「我與你同在，你就必擊敗米甸，如擊打一個人。」[17]基甸對他說：「我若在你眼前蒙恩，求你給我一個證據，證明是你在跟我說話。[18]求你不要離開這裏，等我回來，將供物帶來，供在你面前。」他說：「我必等你回來。」[19]基甸去預備一隻小山羊，用一伊法細麵做了無酵餅，將肉放在籃子裏，將湯盛在壺中，帶到他那裏，在橡樹下獻上。[20]神的使者對基甸說：「將肉和無酵餅放在這磐石上，把湯倒出來。」他就照樣做了。[21]耶和華的使者伸出手裏的杖，杖頭一碰到肉和無酵餅，就有火從磐石中出來，吞滅了肉和無酵餅。耶和華的使者就從他眼前消失了。[22]基甸見他是耶和華的使者，就說：「哎呀！主耶和華啊！因為我真的面對面看見了耶和華的使者。」[23]耶和華對他說：「安心吧，不要怕，你不會死。」[24]於是基甸在那裏為耶和華築了一座壇，起名叫「耶和華沙龍」。這壇至今還在亞比以謝族的俄弗拉。（士六11～24）

關心羣體多於自身

耶和華的使者到了俄弗拉，向基甸顯示並說：「大能的勇士啊，耶和華與你同在！」不過，基甸好像一點都不興奮，反而以「耶和華若與我們同在……」開始，針對「同在」這一點作出反駁。值得注意的是，使者說的是「與你同在」，但基甸說的卻是「與我們同在」。而且接下來，他一口氣提了七次「我們」——13 節：「……耶和華若與**我們**同在，**我們**怎麼會遭遇這一切事呢？**我們**的列祖告訴**我們**：『耶和華領**我們**從埃及上來』，他那奇妙的作為在哪裏呢？現在耶和華卻丟棄了**我們**，把**我們**交在米甸人的手掌中。」而這七次「我們」，所指的並不是他的支派或父家，而是整個以色列羣體。明顯地，基甸那時雖然信心不足，但所關注的並不在他個人，而在他所屬的以色列羣體。他質疑為何上帝沒有與以色列同在，甚至「丟棄」了他們，把他們交在米甸人手中。可見開始時基甸是一個關注羣體多於自身利益的人。

重視上帝的同在多於倚仗自己的能力

接下來 14 至 15 節耶和華（的使者）的吩咐（好些聖經記敘中都沒有清楚說明某角色是耶和華還是耶和華的使者。例如夏甲逃離撒萊，有「耶和華的使者」在曠野的水泉旁遇見夏甲，吩咐她回去，並祝福她將生下來的孩子。不過，經文同時記載「夏甲就稱那向她說話的耶和華為……」，參創十六 7～14），跟基甸的回應呈現出清楚的對比（筆者按原文另譯）：

14 節	耶和華：	「去，靠著你這能力，	你要拯救以色列……」
15 節	基甸：	「主啊，靠著甚麼	我要拯救以色列……」

當耶和華說「靠著你這能力」時，基甸的回應就是「靠著甚麼」。接著，他指出他沒有甚麼「能力」，他的家族在瑪拿西支派中是最貧窮的，他自己在父家中是最微小的。耶和華的回應就是「我與你同在」（16 節），這就足以讓基甸擊打米甸人，而這個回應也是對應著基甸早前的投訴「耶和華若與我們同在」（13 節），對基甸來

說，這個說「我與你同在」的「我」，莫非正是基甸早前說「耶和華若與我們同在」中的「耶和華」？因此，基甸就要求一個證據，好讓他知道「是你在跟我說話」（17 節）。於是基甸預備了肉、無酵餅和湯。耶和華的使者吩咐基甸把這些都放在磐石上，用杖頭接觸肉和餅，就有火從磐石中出來，吞吃了肉和餅，而那使者也就離去了。這樣，基甸就知道那人是耶和華的使者，自己面對面見了，恐怕自己會死。耶和華就安慰他，告訴他「不會死」（23 節）。基甸就在那裏為耶和華築壇，稱之為「耶和華沙龍」，意思是「耶和華賜平安」，因為耶和華對他說「願你平安」（《和修》翻譯為「安心吧！」）。透過這件事，基甸肯定耶和華當面與他說話，他也當面見過耶和華的使者，耶和華確實與他「同在」。

這個段落記載上帝揀選基甸，要藉著他「這能力」去拯救以色列人。基甸的回應是他沒有甚麼能力，但上帝告訴他，祂的「同在」就可使他擊敗米甸人。上帝對基甸說「你要拯救」，基甸的回應是靠著甚麼「我要拯救」。於是基甸要求證據，要確認對他說話的確實是上帝，上帝也確實與他同在。開始時，上帝給基甸很個人化的鼓勵，就是「你這能力」和「你拯救」；但基甸看的不是自己的能力，而是上帝的「同在」（不論是與以色列人還是與他自己同在）和羣體的遭遇。

不少基督徒在回應上帝的召命時都會要求上帝給予「印證」，就如基甸那樣。他們有時又會懷疑自己的「能力」，是否有能力服事上帝所託付的羣體。我們可以認為這是「無信心」的表現，但也可以看成對上帝的倚靠，因他們確信，要成事就只能仰望、依賴上帝的同在和幫助——這也許正是我們很多人事奉的初心。

改變：是我的手・是我的仇

你拯救 vs 藉著我的手

這事以後，上帝在夜間吩咐基甸拆下他父親為巴力所築的壇，並砍下壇旁的亞舍拉。基甸就從他的僕人中找來十個人幫他的忙，亦因為害怕而只敢在夜間行事：「他因怕父家和本城的人，不敢在白天做這事，就在夜間做」（士六 27）。到了日間，城裏的人發現此事，就要基甸的父親約阿施將兒子處死。不過，約阿施認為若巴力是神，它應該有能力為自己作戰，為自己辯護。所以，約阿施就「稱呼基甸為「耶路巴力」，意思就是「讓巴力與他爭辯吧！」至此，經文有兩次形容基甸是「害怕」的。第一次他害怕見到耶和華的使者而致死（參士六 23），這裏是因害怕其他人而沒有在白天砍下巴力的壇。基甸雖然害怕，但還可算是按著耶和華的吩咐而行。下面會提及他第三次害怕。

巴力祭壇拆毀後，經文轉到基甸開始攻打米甸人的敘述。耶和華的靈「降在」基甸身上（六 34；「降在」原文作「穿上」），上帝如應許所說與基甸「同在」，包圍他和保護他。接著，基甸分三個階段招聚幫手，預備與米甸人打仗，而每個階段所涵蓋的範圍，愈來愈遠，也愈來愈大。他分別用角招聚了亞比以謝家族，和差派使者到瑪拿西、亞設、西布倫和拿弗他利等地招聚人來（六 34～35）。這反映出愈來愈多人信任基甸，他也似乎愈來愈有信心，這與最初基甸只敢從他僕人中找來十個幫手，形成了強烈對比。基甸既從上帝得著幫助，也從人得著幫助。接著，經文這樣記載：

> 基甸對神說：「你如果真的照你所說的，藉我的手拯救以色列，看哪，我把一團羊毛放在禾場上，若單是羊毛上有露水，遍地都是乾的，我就知道你必照你所說的，藉我的手拯救以色列。」一切果然發生了。次日早晨基甸起來，把羊毛擰一擰，從羊毛中擠出露水來，裝滿一碗的水。基甸又對神說：「求你不要向我發怒，我再說一次，讓我用羊毛再試一次，但願羊毛是乾的，遍地都有露水。」這夜，神也照樣做，遍地都有露水，只有羊毛是乾的。（士六36～40）

明顯地，這裏我們再一次看到基甸生出了疑惑，不過我們也注意到當中的一個分別，就是這段經文所反映出的基甸的疑惑，並不在上帝同在與否，而是上帝是否「藉著他的手」完成拯救以色列的工作。「藉著⋯⋯手」或「在⋯⋯手中」（*beyad*）一詞在六章33節至八章21節中出現了十七次之多。基甸從懷疑上帝有否「同在」，變為關注自己——一切是否「藉著我的手」達成？基甸先提出一個測試。若只是放在禾場上的羊毛有露水，而遍地是乾的，他就知道「你藉著我的手拯救以色列」。事情果然如此發生，基甸也親自作出了驗證。然而，基甸接著又提出另一個測試，就是羊毛是乾的而遍地有露水。同樣地，事情也這樣發生了。這些測試結果，肯定了基甸對於自己的看法，那就是上帝的拯救是要「藉著我的手」而實現，而自己在上帝的拯救計劃中擔當了不可或缺的角色。

基甸與米甸人之戰因著基甸的懷疑而拖延了。接著戰爭再次被拖延，因為耶和華要篩選跟隨基甸打仗的人。值得留意的是上帝所用的字眼：「跟隨你的人太多，我不能把米甸交在他們手中，免得以色列向我自誇，說：『是我自己的手救了我。』」(士七 2)耶和華說祂不能把米甸人交「在他們手中」，免得以色列人自誇說「是我的手拯救了我」。「手」成了這段經文經常出現的一個關鍵詞。接下來經文敘述上帝用兩個方法篩走打仗的人——正如基甸用兩個方法測試上帝是否「藉他的手」拯救以色列人——以致原先跟隨的三萬二千人剩下只有三百人(士七 3～6)。上帝說「我拯救你們，把米甸交在你的手中」(士七 7)。透過減少打仗的人數，上帝要說明一點：是祂自己拯救以色列人，把敵人「交在你的手中」，而不是以色列人以「我的手拯救了我」。耶和華的講話除了強調祂才是拯救者之外，還經常對比「你」（基甸）和其他人，顯明基甸作為領袖的角色。七章 2 節對比「跟隨你」和「在他們手中」，七章 3 至 6 節多次強調「你」如何向百姓宣告和執行耶和華所吩咐的篩選過程，七章 7 節就對比「拯救你們」和「交在你手中」。經文接下來就記載基甸和米甸人爭戰，我們可以留意當中經文也多次提及「在……手中」（七 9、14、15，八 6、7、15），以說明基甸勝過米甸人。

戰爭還未開始，上帝主動告訴基甸一個鼓勵的信息（七 9～14）。不過，耶和華首先對基甸說：「倘若你害怕下去，可以帶你的僕人普拉下到那營去……」而基甸也確實帶著普拉下到軍營去。這是第三次指出基甸害怕而順服。然後，耶和華指出基甸會聽見敵人所說的話，他的手就會剛強。基甸按吩咐下去，聽到一個米甸人把夢境告訴朋友，說夢見有大麥餅滾入米甸人的營中，「把帳幕撞到，帳幕就翻轉倒塌了」（七 13）。這個米甸人的同伴回答說：「這不是別的，而是以色列人約阿施的兒子基甸的刀。神已把米甸和全軍都交在他手中了。」（七 14）這個詮釋強調基甸的獨特角色，但同時指出是「神把米甸人交在他的手中」，正如上帝自己對基甸所說的那樣（七 9）。基甸聽見，一方面肯定了上帝的拯救，但卻更進一步肯定了自己的角色，就是「基甸的刀」和「在他手中」。自此，基甸也再沒有害怕了。

接著基甸吩咐隨隊的人跟著他吹角，並同時喊叫「為耶和華！為基甸！」（士七 18）可是，我們要留意，不久之前他仍是說「耶和華已把米甸軍隊交在你們手中！」（士七 15）明顯地，對自己在這場戰爭中的角色，基甸的看法出現了根本的變化。他最初關注上帝是否「同在」，後來卻關注上帝是否「藉著他的手」施行拯救。他一方面說是「耶和華」把敵人交在他們的手中，另一方面卻暗示他自己和耶和華的角色有同等分量，這場戰爭既是「為耶和華」，也是「為基甸」。其後，經文記載基甸和隨軍喊叫「耶和華和基甸的刀」，或者應該直譯為「有刀為耶和華和為基甸」（另參《呂振中譯本》：「有刀為永恆主，為基甸」）。隨軍的呼喊，反映他們聽從基甸的吩咐，認同基甸在戰爭中的角色。基甸慢慢完全脫離害怕，成為滿有自信，獨當一面的領袖。

在與米甸人的戰爭中，基甸的內心世界出現了好些微妙變化。他開始關心自己在上帝拯救作為中的角色，關心上帝是否「藉著他的手」行事。米甸人的夢境及詮釋對他的「肯定」，讓他進一步強化自己的重要性，以致視自己的地位與上帝相若。基甸等人是為耶和華爭戰，但也是為基甸爭戰。

很多時候，我們的事奉都是從單純的初心開始，一心只想服事有需要的弟兄姊妹或羣體，服事的過程中也誠惶誠恐，自信心不足。不過，隨著自己的影響力與日俱增，愈來愈多人響應自己的呼籲，愈來愈多人支持自己，愈來愈多人擁護自己，就很容易慢慢高抬自己，以自己為中心，而不以上帝和所服事的羣體為中心。原本一心為著建立羣體，後來卻為了建立自己的地位；原本強調「神拯救」，後來就更關注「藉著我的手」。不幸的是，這個變化有時是來得那麼「自然」，是渾然不覺的，直到有一天自己已丟失了起初的愛心，忘記了那顆服事的初心。

拯救羣體 vs 了結私怨

另一段揭示基甸心態改變的經文，是八章18至21

節。那時基甸渡到約旦河東面，拿住了米甸王西巴和撒慕拿。他對西巴和撒慕拿說：

> 「你們在他泊山所殺的人是甚麼樣子的？」他們說：「他們很像你，個個都有王子的樣子。」基甸說：「他們都是我的兄弟，我母親的兒子。我指著永生的耶和華起誓，你們若存留他們的性命，我就不殺你們了。」他對他的長子益帖說：「你起來殺他們！」但是這少年害怕，不敢拔刀，因為他還是個少年。西巴和撒慕拿說：「你自己起來殺我們吧！因為人如何，力量也如何。」基甸就起來，殺了西巴和撒慕拿，取了他們駱駝頸項上的月牙圈。（士八18～21）

基甸質問兩王在他泊山所殺的是誰，之後便指出他們所殺的是他的兄弟。經文的敍事一直沒有提及基甸有否兄弟，也沒有提及他與米甸人有甚麼過節。開始時，按經文所示，基甸關心家國多過自己；但到了這時，經文向我們漸漸展示基甸關心「個人」的一面了。特別是基甸的回應：「你們若存留他們的性命，我就不殺你們了」，實在十分奇怪，基甸這裏似是在指出，原來這兩王的生死，跟他們是否米甸王無關，跟他們有否苦待以色列人無關，一切的關鍵，原來端在他們有否殺害基甸的親人！這樣看來，兩王生死原來可能是個人復仇事件，多於關乎以色列得拯救。事實上，從基甸追殺米甸王至約旦河東開始，經文就完全沒有記載上帝在當中有任何角色（八4～21）！

原先基甸承擔領袖的職分，攻擊米甸人，殺死他們的君王，是為要拯救以色列人脫離米甸人的手；只是當米甸王西巴和撒慕拿落在他手中，兩王生死竟是基於個人的冤仇私怨，多於他們苦待上帝的百姓。縱然最終他把米甸王殺死，拯救了以色列羣體，但從這個角度看，他的「我」已愈來愈大，而上帝的角色就愈來愈輕，慢慢淡出。

很多時，一個人地位愈高，權力愈大，他公私不分甚至公器私用的試探也愈大，如愈容易以公事名義來達成個人的目的或者維護自身的利益。而這種從公到私的轉變，同樣也可以來得很「自然」，對當事人來說也是順理成章。故此，一切權力，特別領袖及領導層的權力，均需要制衡；沒有制衡，人性中自我和貪婪必然會慢慢坐大，而服事的初心也就被慢慢蠶食甚至吞噬。

圈套：是我拯救．是我治理
——造神運動的囹圄

基甸的故事來到了最後階段，當中再次出現俄弗拉城的場景：

> 以色列人對基甸說：「你既然救我們脫離米甸的手，願你治理我們，你的兒子孫子也治理我們。」基甸對他們說：「我不治理你們，我的兒子也不治理你們，耶和華會治理你們。」基甸又對他們說：「我有一件事求你們，請你們各人把所奪的耳環給我。」因敵人都戴金耳環，他們是以實瑪利人。以色列人說：「我們情願送給你！」他們就鋪開一件外衣，各人將所奪的耳環丟在上面。基甸所要求的金耳環，重一千七百舍客勒金子。此外還有米甸王所戴的月牙圈、耳環，和所穿的紫色衣服，以及駱駝頸項上的鏈子。基甸以此造了一個以弗得，設立在他的本城俄

弗拉。全以色列就在那裏拜這以弗得行淫，這就成了基甸和他全家的圈套。（士八 22～27）

以色列人對基甸的講話有兩部分：（1）先是要求基甸、他的兒子、他兒子的兒子治理他們；（2）然後提出原因：「你拯救我們脫離米甸人的手」。不過，基甸的回應只針對第一部分，並提出了一個「神學正確」的回答——「耶和華會治理你們」，卻沒有糾正他們第二部分講話中的錯誤觀點。事實上，基甸之所以予以色列人印象，他就是君王，並非無故。譬如他原先叫長子益帖殺死米甸兩王，但益帖不敢，兩王就叫基甸自己動手，意味著他倆視基甸擁有與他們相若的王者身分（八 20～21）。此外，基甸另有一個兒子叫「亞比米勒」（八 31），意思就是「我父親是君王」。爭戰時，基甸又一方面口說是上帝把米甸人交在他（們）手中，但另一方面卻將自己的角色與上帝相提並論。而直到此時，他也沒有更正以色列人的錯誤看法，即認為拯救是出於他。

因此，雖然基甸口說治理以色列人的應該是上帝，但接著來他作的事卻似乎與此背道而馳。基甸請以色列人把從米甸人奪過來的金耳環交給他。[2] 然而，經文記載基甸除了收取到耳環外，財物中還包括「米甸王所戴的月牙圈、耳環，和所穿的紫色衣服，以及駱駝頸項上的鏈子。」這些都是戰利品，不單從米甸人，也從米甸王那裏奪取來的：「基甸就起來，殺了西巴和撒慕拿，取了他們駱駝頸項上的月牙圈。」（八 21）當時打勝仗的君王都會將戰利品收集起來，以表揚自己的功績。我們不大肯定，他們用這些戰利品做出來的以弗得是甚麼模樣的，不過，若參考舊約有關以弗得的經文（例：出二十八 4～6；士十八章；撒上二十三 9 等），則以弗得很可能是與禮祭有關或穿在神像上的衣物，用以求問神諭。基甸造出來的以弗得很可能也有這等功能，也就是既可用來表揚他的豐功偉績，也可用來「壟斷」以色列人向上帝求問的方式。基甸把這個以弗得「設立在他的本城俄弗拉」，結果是「全以色列就在那裏拜這以弗得行淫」和「這就成為基甸和他全家的圈套。」「圈套」一詞在士師記二章 3 節和申命記七章 16 節指到敬拜外邦神明。因此，經文指出這件基甸造出來的以弗得，最終成了基甸和他全家敬拜的對象，也成了全以色列人敬拜的對象。諷刺的是，他曾在俄弗拉城拆下他父親的巴力祭壇，但當他打敗米甸人後，竟然在同城設立另一個偶像，並最終成了他自己和全以色列人敬拜的偶像。在士師記中，可以說是首次在士師主政期就有以色列人復拜偶像；不但如此，該偶像更是由該士師自己製造出來的！

人很擅長自欺欺人。我們會「真誠地」宣稱主基督是我們的主。這個宣稱既政治正確，也予人十分屬靈之感。然而，當我們意圖藉著這類宣稱來操控別人，博取別人肯定和尊重，甚或是把自己看為「敬拜」的對象，就是造神運動了！

結語

基甸原是一個看重國家民族多於個人的人。只是隨著時間過去，他愈來愈關注自己的地位和得失。當他從上帝和別人口中得到肯定，他就高抬自己，甚至與上帝攀比，及後上帝在他生命中的角色就慢慢淡出。他可以講出「耶和華會治理」這「神學正確」的宣稱，但他的行動卻不一致。他可以真誠地相信上帝是王，但他同時又希望自己成為焦點。他可以除去偶像(巴力的壇),但又可以為人另立偶像(以弗得)。我們覺得基甸太小信、太自我、太過分?其實很多時候,我們可能與基甸沒兩樣。舉例來說,回想我們學習事奉上帝之初,是怎樣的戰戰兢兢,惟恐有所不及,感到自己是如此的不配;可隨著事奉愈來愈多,果效愈來愈大,擁護者愈來愈多,我們就愈加關注上帝是「藉著我的手」來完成「拯救」,甚至公器私用,只為滿足自己的渴求?當我們真誠面對自己,我們與基甸的距離真的是那麼遠嗎?

思考問題

1. 你事奉的初心是甚麼呢?是回應神的眷愛?是為了幫助別人?是為了被神使用?還是其他?請分享。
2. 你今天事奉的心態,跟剛開始事奉時有何不同?為甚麼?我的同工察覺到我的轉變嗎?
3. 我們如何在相信自己的看法和謙虛受教的張力中,找到平衡呢?

4. 在事奉的過程中，我們會受「私心」的影響嗎？你又會怎樣面對——無論是自己的還是別人的私心？

註釋

1. 參士師記六章32節「那日人稱」原文直譯為「他稱呼他在那日」。原文字序反映出經文不是強調「在那日」起，基甸名字改變了，而是「他稱呼他」。31節是約阿施在説話，所以32節開始時的「他」應是指約阿施，他就稱呼他的兒子基甸為「耶路巴力」。
2. 有好些學者指出這段經文與亞倫向百姓取來金耳環（出三十二1～6）有以下相似之處：（1）領袖向百姓取來耳環等物件；（2）百姓遵命交出；（3）領袖以此造出物件來，於亞倫是金牛犢，於基甸是以弗得；（4）百姓敬拜所造出來之物。當然，兩段經文也有不同之處，這裏不贅。

6. 與召命的距離

被代價壓傷的參孫？

選擇堅持在認命的年代中服事？
還是寧願像平常人那樣生活？

今天，我們是否認命？
是否甘心妥協，放棄盼望？
是否只為了自己苟活而
不顧別人生死？

我們常常聽說——或者也這樣認為——蒙上帝揀選去服事祂，是莫大的福氣，也是上帝的恩典。這固然是事實，但我們有否想過，蒙揀選的人要付上甚麼代價？他們要服事的又是怎樣的羣體？要考慮的「現實」問題，其實何其多。也許，亦因此不是每個蒙上帝呼召的人都願意回應。來到本書最後一章，我們要看看聖經中最「出名」的士師，但同時也可能是不少人心中的「壞分子」參孫——特別從道德主義角度觀之。不過，倘若我們細察當中某些經文，看到他如何掙扎於上帝的揀選與呼召中，我們會否再一次看到一個更立體、更有血有肉、更貼近我們的事奉者？

認命時代下的召命

不再呼求的年代

我們先來看看他出生的時代，是一個怎樣的時代。

如前章所說，士師記重複出現一個循環結構：(1)以色列行耶和華眼中看為惡的事，敬拜巴力及離棄耶和華；(2)耶和華就把他們交在外邦人手中；(3)以色列人就向上帝呼求；(4)上帝就差遣士師拯救他們；(5)地就太平……年。然而，到了參孫出生的時代，這卻變得不一樣：

> 以色列人又行耶和華眼中看為惡的事，耶和華將他們交在非利士人手中四十年。那時，有一個但支派的瑣拉人，名叫瑪挪亞。他的妻子不懷孕，不生育。耶和華的使者向那婦人顯現，對她說：「看哪，以前你不懷孕，不生育，如今你必懷孕生一個兒子。現在你要謹慎，清酒烈酒都不可喝，任何不潔之物都不可吃，看哪，你必懷孕，生一個兒子。不可用剃刀剃他的頭，因為這孩子一出母

胎就歸給神作拿細耳人。他必開始拯救以色列脱離非利士人的手。」（士十三1～5）

我們要留意，這段記載包含上述循環結構的第一及二項元素，卻沒有第三項，就是以色列人並沒有向上帝呼求。事實上，在整個有關參孫的記載中，從來沒有提及以色列人曾向上帝呼求。然而，雖然以色列人沒有呼求，但上帝仍然揀選士師去「拯救以色列人脱離非利士人的手」（循環結構的第四項元素）。至於經文沒有記載第三項元素，是以色列人有這樣做，而經文沒有記載，抑或是以色列人根本就不曾這樣做？鑒於士師記多次重複記載這個循環，而只要出現這個基本模式之處，就會有第三項——除了這處；因此，當這裏獨欠第三個元素，反映後者的可能性較大。

參孫正是出生在這樣一個不向上帝呼求的時代。

原來人在叛逆之中，可以連向上帝呼求也欠奉。這看似很難理解，只是當讓我們回想，我們是否也曾落在幽谷中卻定意不向上帝呼求？認為這不切實際，壓根兒是沒有果效的呢？究竟是甚麼原因令屬神的人放棄這份對上帝的盼望和依靠？不過，無論出於甚麼原因，聖經這裏告訴我們，上帝仍然看顧祂的子民，呼召人去「拯救以色列人脫離非利士人的手」。

甘心妥協的羣體

那麼，為甚麼以色列人不向上帝呼求？參孫故事的後半部分似乎可以給我們一些啟示：

> 非利士人上去，安營在猶大，侵犯利希。猶大人說：「你們為何上來攻擊我們呢？」他們說：「我們上來是要捆綁參孫，照他向我們所做的對待他。」於是，三千猶大人下到以坦巖的石洞裏，對參孫說：「非利士人轄制我們，你不知道嗎？你向我們做的是甚麼事呢？」他說：「他們向我怎樣做，我也要向他們怎樣做。」猶大人對他說：「我們下來是要捆綁你，把你交在非利士人手中。」參孫說：「你們要向我起誓，你們自己不殺害我。」他們說：「我們絕不殺你，只把你捆綁，交在非利士人手中。」於是他們用兩條新繩綁住參孫，把他從以坦巖帶上去。（士十五 9～13）

非利士人上到猶大支派居住的地方去捉拿參孫，於是三千猶大人便下到參孫當時暫住的以坦巖石洞那裏去找他。找到了，就問參孫：「非利士人轄制我們，你不知道嗎？」這個問題反映出他們已全然接受被轄制的事實和命運，並反過來責備參孫不面對現實，以致眼下受到非利士人攻擊。他們甚至要捆綁參孫，把他交給非利士人，期望非利士人帶走他，以保他們安全。只是後來當參孫被帶到利希，耶和華的靈大大感動他，他用一塊驢腮骨就擊殺了一千非利士人。究竟當時實際有多少非利士人安營在猶大，我們無從得知，不過經文既無特別記下參孫留下多少人沒有殺死，那麼參孫所殺的一千非利士人，很可能就是安營在猶大的非利士人。這樣看來，三千猶大人不敢與一千非利士人爭戰，反倒把同胞參孫交出去？可見參孫可說生在一個「認命」的時代。以色列人已經向他們被轄制的「現實」低頭，他們不期望被欺壓的情況會改變，也似乎不想有改變；他們不敢反抗，也似乎不想反抗，或許這正是他們沒有向上帝呼求拯救的原因。

參孫身處一個不呼求上帝的時代，活在一羣甘心妥協的人當中，這羣人已失去鬥志，對未來沒有憧憬，對上帝也沒有盼望，一切所求的只是繼續存活。為了生存下去，甚麼事都可以妥協，出賣自己人自是在所不惜。今天，我們是否認命？是否甘心妥協，放棄盼望？是否只為了自己苟活而放棄原則，不顧別人生死？

誰願意服事這樣一羣認命的人？

有血有肉的蒙召人生，果真不盡是天色常藍、花香滿徑的。

召命的代價

煩亂不安，不能入眠——「不為人知」的代價？

在這個認命的時代，參孫蒙召去服事以色列人。讀者一般會關注參孫生平中一些傳奇部分——無論正面還是負面的——但卻鮮有細察他為服事究竟付上了甚麼代價，而這代價可能不為大部分人所知、甚至是「尋常」至極的。

「睡覺」是參孫記述中一個重要卻容易為人所忽略的主題。十六章1至3節提及迦薩人知道參孫到了那裏，於是包圍他居住的地方，並在城門埋伏，想天亮時殺死他。然而，參孫「睡到半夜」，並在「半夜起來」。經文兩次提及「半夜」，而「睡」也可以理解為「躺下」。經文可能並不是說參孫「睡」到半夜，而是指他「躺」在牀上但睡不著，直到半夜就決定起來。

或許經文早在十三章 25 節已經預示了參孫蒙召所要付出的代價。耶和華的靈開始「感動」參孫時，是在瑪哈尼．但：「在瑣拉和以實陶之間的瑪哈尼．但，耶和華的靈開始感動參孫」（十三 25）。經文後來三次提及耶和華的靈「大大的感動」他（十四 6、19，十五 14）。不過，我們要留意十三章 25 節的「感動」一詞原文是 *pa'am*，而另外三次的「大大的感動」卻是另外一個動詞 *salah*。除了士師記十三章 25 節外，*pa'am* 這個動詞就只出現在創世記四十一章 8 節、詩篇七十七篇 4 節及但以理書二章 1、3 節。在後面這些經文中，這個動詞指人煩亂不安，以致不能入眠。耶和華召喚參孫去拯救以色列人脱離非利士人的手，但參孫要付出的代價，很可能就是睡不好覺，不能入眠！而這並不是參孫自己所能控制的，因為耶和華攪擾參孫，致令他不能好好睡眠。

每個蒙召服事上帝的人都有他要付上的代價。有些人的代價是明顯的、可見的，譬如有人要舉家遷到文化語言截然不同的地方，重新適應生活；有人要改換工作，放下可觀的收入，致能抽更多時間服事弱勢羣體，諸如此類。這些代價當然不容易。但我們有否想過，其實更多時候，要付的代價也可能是別人看不見、不那麼外顯、甚至難以體會的？對參孫來說，可能正是不能入眠。能夠睡得香甜，是那麼平凡、那麼卑微、卻又那麼難以企及的願望！卻同時是參孫不為人知的代價。今天，我們為了信仰，為了回應上帝的召命，又要付上甚麼不為人知的代價？

對大利拉看法的轉變？——寧願像平常人那樣生活？

參孫與大利拉的故事，就最能看出參孫蒙召去服事這羣認命的同胞，擔子有多麼沉重，而他又如何面對自己要付出的代價。當我們仔細研讀參孫與大利拉的故事，其經歷在「引言」後可以分為四幕（士十六4～21），而每幕均包含類似的元素。現表列如下：

引言
[4]這事以後，參孫在梭烈谷愛上了一個女子，名叫大利拉。[5]非利士人的領袖上去，到那女子那裏，對她說：「請你哄騙參孫，探出他為何有這麼大的力氣，以及我們要用甚麼方法才能勝他，將他捆綁制伏。我們就每人給你一千一百塊銀子。」

元素	第一幕	第二幕	第三幕	第四幕
(1)	[6]大利拉對參孫說：「請你告訴我，你為何有這麼大的力氣，要用甚麼方法才能捆綁制伏你。」	[10]大利拉對參孫說：「看哪，你欺騙我，對我說謊。現在請你告訴我，要用甚麼方法才能捆綁你。」	[13]大利拉對參孫說：「你到現在還是欺騙我，對我說謊。請你告訴我，要用甚麼方法才能捆綁你。」	[15]大利拉對參孫說：「你既不與我同心，怎麼能說『我愛你』呢？你這三次欺騙我，不告訴我，你為甚麼有這麼大的力氣。」[16]大利拉天天用話催逼他，糾纏他，他就心裏煩得要死，[17]終於把心中的一切都告訴她。
(2)	[7]參孫對她說：「若用七條未乾的新繩子捆綁我，我就像平常人一樣軟弱。」	[11]參孫對她說：「若用未曾用過的新繩子捆綁我，我就像平常人一樣軟弱。」	參孫對她說：「只要用織布的線將我頭上的七條髮綹編織起來就可以了。」	參孫對她說：「從來沒有人用剃刀剃我的頭，因為我一出母胎就歸給神作拿細耳人。若有人剃了我的頭髮，我的力氣就會離開我，我就像平常人一樣軟弱。」

元素	第一幕	第二幕	第三幕	第四幕
(3)	[8]於是非利士人的領袖拿了七條未乾的新繩子來，交給她，她就用繩子捆綁參孫。	[12]大利拉就用新繩子捆綁他，	[14]於是大利拉用梭子將他的髮綹釘住，	[18]大利拉見他說出了心中的一切，就派人去召非利士人的領袖，說：「請再上來一次，因為他已經說出了心中的一切。」於是非利士人的領袖手裏拿著銀子，上到她那裏。[19]大利拉哄參孫睡在她的膝上，叫一個人來剃掉參孫頭上的七條髮綹。於是大利拉開始制伏參孫，他的力氣就離開他了。
(4)	[9]當時，埋伏的人正在她的內室等著。她對參孫說：「參孫，非利士人來捉你了！」	對他說：「參孫，非利士人來捉你了！」	對他說：「參孫，非利士人來捉你了！」	[20]大利拉說：「參孫，非利士人來捉你了！」

元素	第一幕	第二幕	第三幕	第四幕
(5)	參孫就掙斷繩子，繩子如遇到火的麻線斷裂一樣。這樣，人還是不知道他的力量從哪裏來。	當時，埋伏的人在內室等著。參孫掙斷手臂上的繩子，如掙斷一條線一樣。	參孫從睡中醒來，將織布機上的梭子和織布的線一齊都拔出來了。	參孫從睡中醒來，說：「我要像前幾次一樣脱身而去。」他卻不知道耶和華已經離開他了。[21] 非利士人逮住他，挖了他的眼睛，帶他下到迦薩，用銅鏈鎖住他，叫他在監獄裏推磨。

「引言」部分帶出了主角及主題。主角有參孫、大利拉及非利士人，而主題則是能否找出參孫能力的祕密以致可以制伏他。接下來的四幕場景可分為五個元素：(1)大利拉(埋怨及)向參孫查問如何可以制伏他；(2)參孫或真或假地講出可以制伏他的方法，而其中三幕指出若採用這些方法，他就會軟弱「像平常人一樣」；(3)大利拉就按照參孫所說的方法做在他身上；(4)大利拉對參孫說有非利士人來捉拿他，以此試試所採用的方法是否湊效；(5)參孫的回應：他或是能成功逃脱，或是被捉拿。

要解讀這個故事，有些「事實」或問題我們先要弄清楚；以下七條問題，或許可以幫助我們釐清參孫當時的想法和掙扎。讀者也可先試行回答，才參看下面筆者的一些分析。

1. 參孫有沒有欺騙大利拉呢？
2. 非利士人有否埋伏在內室中？
3. 參孫在大利拉使用他提供的制伏方法之前，是否知道有非利士人埋伏？
4. 期間參孫有否睡著？
5. 大利拉自己有否按著參孫提供的方法，做在參孫身上？
6. 參孫事前是否預期大利拉會按著他所說的方法，做在他身上？
7. 參孫是否認為大利拉是為了別人而想制伏他？

問題分析：

1. 第一條問題的答案很明顯。在第一、二及三幕中，參孫欺騙了大利拉，沒有講出真正可以制伏他的方法。
2. 第二條問題的答案也清楚在經文中交代了。在第一、二及四幕中，非利士人埋伏在內室中，預備捉拿參孫

（士十六 9、12、18）。只是在第一及二幕中，參孫在非利士人從內室出來之前已經掙脫捆綁，非利士人也沒有企圖出來捉住他。在第四幕中，他則被非利士人逮住。

3. 經文沒有正面講出參孫是否知悉有非利士人埋伏，但若參孫知道有非利士人埋伏，則他不大可能容讓他們留在房中而不做任何事情。所以。我們似乎沒有足夠的理由認為參孫知道有非利士人埋伏。
4. 第一、二幕，跟第三、四幕有一個很重要的差異，就是後者清楚指出參孫「從睡中醒來」（士十六 14、20）。第三幕中沒有明言參孫是在甚麼時候睡著，但在第四幕中，經文則指出是大利拉使參孫先睡著：「大利拉哄參孫睡在她的膝上」（士十六 19），然後才剃掉他的頭髮。相反，首兩幕完全沒有提及參孫睡覺一事。值得思考的是，為何參孫會有這個改變？下文會處理這個問題。
5. 大利拉有沒有按照參孫所提供的方法做在他身上呢？在第一幕中，經文清楚記載大利拉用非利士人領袖所拿來的七條未乾的新繩子「捆綁參孫」，正如參孫所說的那樣。同樣地，在第二幕中大利拉也是用參孫所提及的「新繩子」來捆綁他。在第三幕中，雖然參孫沒有提及梭子，但似乎大利拉也是按參孫的建議做在他身上。[1] 到了第四幕，參孫講出真話，向大利拉坦白說出真相：若剃去他的頭髮，他的力氣就會失去。《和修》經文似是指出不是大利拉自己剃掉參孫的頭髮，而是她「叫一個人來」這樣做（19 節）。好些聖經譯本如《和合本》、《新譯本》或英文的 NRSV 等，都指出這是出自他人之手。這亦可見於不少著名畫家的作品之中，包括魯本斯（Peter Paul Rubens, 1577～1640）、范戴克（Anthony van Dyck, 1599～1641）及庫溫伯格（Christiaen van Couwenbergh, 1604～1667）的作品。然而，亦有部分藝術家或畫家對此有不同理解，例如曼特尼亞（Andrea Mantegna, 1431～1506）的雕刻，或克拉納赫（Lucas Cranach the Elder, 1472～1553）與斯托姆（Matthias Stom, 1600～1652）的作品，都可見到剃去參孫頭髮的是大利拉自己。

不過，我們要留意，在原文中，「剃掉」這個動詞包含了陰性主語（feminine subject），其主語指大利拉應是最自然的詮釋。同時，「叫一個人」原文可直譯為「她叫那個人」。按上文下理，「那個人」當然就是指參孫了。所以，19 節應翻譯為：「大利拉哄參孫睡在她的膝上，她叫喚那個人，她剃掉他頭上的七條髮綹。」大利拉叫喚參孫的目的，當然是要看他睡著了沒有。畢竟，若她認為他今次說出了真話，而真的發現有人要剃掉他的頭髮時，他是不大可能不作出反抗的。若以上的理解是正確的話，那麼在這四幕中，大利拉都是自己按照參孫的建議做在他身上的。

6. 參孫事前是否預期大利拉會按他所說的做在他身上？在第一幕中，參孫似乎沒有甚麼理由預期大利拉會這樣做。不過，當大利拉用新繩子來捆綁沒有睡著的參孫時，他就知道大利拉會按照他所說的做在他身上。所以，到了第二幕的時候，參孫很可能認為大利拉會如同第一次那樣，按他所言的去做在他身上。有了前兩次經驗，在第三及四幕中，參孫可能更加確信大利拉真的會按他所說的話做在他身上。在第四幕中，參孫從睡中醒來後說：「我要出去像前幾次一樣，我要脫身。」參孫這樣說，似乎又反映他不相信大利拉會剪去他的頭髮，使他失去力氣。不過，「脱身」一詞在其他經文，多指「抖下」(例：出十四27「埃及人」；尼五13「衣襟」；伯三十八13「惡人」；賽五十二2「塵土」)。所以，參孫所指的，其實應是這次他會抖下他被剪的頭髮，如同前幾次他會抖下繩子、梭子或織布的線那樣。

7. 參孫是否認為大利拉是為了別人而想制伏他呢？若果參孫如上面第三條問題所言，不知道有人在埋伏，那麼他是否會認為大利拉的問題是為他人而問的呢？我們很有理由相信在首兩幕中，參孫的確有這個想法。現列出以下幾段經文作比較：

7節	參孫對她說：「若用七條未乾的新繩子捆綁我，我就像平常人一樣軟弱。」
11節	參孫對她說：「若用未曾用過的新繩子捆綁我，我就像平常人一樣軟弱。」
13節	……參孫對她說：「只要用織布的線將我頭上的七條髮綹編織起來就可以了。」
17節	……參孫對她說：「從來沒有人用剃刀剃我的頭，因為我一出母胎就歸給神作拿細耳人。若有人剃了我的頭髮，我的力氣就會離開我，我就像平常人一樣軟弱。」

現按原文特別譯出當中動詞的主語如下（以**粗體**標示）：

7 節	參孫對她說：「若**他們**用七條未乾的新繩子捆綁我，我就像平常人一樣軟弱。」
11 節	參孫對她說：「若**他們**用未曾用過的新繩子捆綁我，我就像平常人一樣軟弱。」
13 節	……參孫對她說：「只要**你**用織布的線將我頭上的七條髮綹編織起來就可以了。」
17 節	……參孫對她說：「……若我的頭髮被剃掉，我的力氣就會離開我，我就像平常人一樣軟弱。」

所以，在第一及二幕中，參孫使用「他們」作為「捆綁」的主詞，暗指他認為大利拉是為著「他們」而向他提問制伏方法的。但經過兩次大利拉親自操刀，又同時看不見有敵人出現之後，到了第三幕，參孫就改變了他的觀點，認為是「你」，即大利拉自己想知道制伏他的方法。既然預計大利拉會剃去自己的頭髮，參孫在第四幕用了「被剃掉」這個被動語式，重點就不在於是誰剃去他的頭髮，而在於剃去頭髮後的結果是怎樣。

總結以上的討論，可得出以下結論：

	第一幕	第二幕	第三幕	第四幕
1. 參孫有沒有欺騙大利拉呢？	Y	Y	Y	N
2. 非利士人有否埋伏在內室中？	Y	Y	N	Y
3. 參孫在大利拉使用他提供的制伏方法之前，是否知道有非利士人埋伏呢？	N	N	N	N
4. 期間參孫有否睡著？	N	N	Y	Y
5. 大利拉自己有否按著參孫提供的方法，做在參孫身上呢？	Y	Y	Y	Y
6. 參孫事前是否預期大利拉會按著他所說的方法，做在他身上呢？	?	Y	Y	Y
7. 參孫是否認為大利拉是為了別人而想制伏他呢？	Y	Y	N	N

以上四幕，反映了參孫對大利拉看法的改變，這也導致了他行動的改變。同時，過程中也顯示出他如何看待自己擁有特殊能力一事。參孫愛大利拉，但他同時也很小心，不輕易揭示制伏自己的方法。他雖不知道有人埋伏在內室，但至少在第一、二幕中，他可能認為大利

拉是為著別人而向他探問制伏方法。不過，經過了首兩幕，參孫看不見有人埋伏，也就漸漸認為大利拉沒有意圖讓別人捉拿他。所以，到了第三幕，他就改換想法，認為是大利拉自己想知道制伏他的方法（參 13 節筆者另譯中的「你」），但他仍然不願揭露真相。直到大利拉「天天催逼他，他就心裏煩得要死」，才把真相告訴她。隨著參孫慢慢增加對大利拉的信任，參孫發現自己竟然可以在大利拉面前睡得著，甚至大利拉可以「哄參孫睡」，意思就是「使參孫睡覺」，讓參孫得著他所渴望的——睡眠。

為甚麼參孫知道大利拉會按他所說的方法做在他身上，卻仍然願意說出真相？大利拉天天跟他糾纏著當然是一個原因，但更重要的也許是**他可以在大利拉面前睡覺**。參孫三次提及他會「軟弱」，和他會「像平常人一樣」（7、11、17 節）。他明知大利拉得知真相後，可以讓他「像平常人一樣」，卻仍然容讓這事發生，也許反映了在他心底深處，他確實想「像平常人一樣」。擁有耶和華所賜的特殊能力，讓他可以率性行事，撕裂獅子，擊殺非利士人，破壞莊稼、葡萄園和橄欖園，可以把城門和門閂拆下來，不過他也要為此付出代價，甚至不為人知的代價。能夠安睡，只不過是平凡人的平凡生活而已，但對參孫來說，卻是夢寐以求之事。

很多屬主的兒女都希求事主的大能，為主幹一番事業。有這心志是好的，但我們有沒有想過為此要付上甚麼代價？而或許今天上帝已賜下事奉的能力，足用的恩賜，讓我們能好好事奉祂，但我們有沒有為著一些尋常人的尋常「渴望」，而不想再付「代價」，而甘於在事奉路上退卻？

結語

參孫生長在一個認命的時代。以色列人已經習慣了非利士人的壓迫，甚至已內化了這種轄制，一心只想苟存下去。在這樣的環境中，在這樣的時代，誰會願意蒙揀選去拯救這樣一羣人？誰會願意為這樣的羣體而付上代價？——寧願「像平常人一樣」不是更好嗎？如此看來，參孫真的如我們印象中的，是事奉者中的「壞分子」，只耽溺於肉體、聲色？還是他只是個不大願意繼續付上這樣「平凡」的代價，去服事那羣不大值得他服事的同胞的一個平凡人呢？究竟是參孫太體貼肉體？還是上帝的召命太沉重？——對立志委身的事奉者而言，「像平常人一樣」有時的確十分誘人，尤其面對著這樣一個認命的時代、要服事一個認命的羣體。今天，我們也活在一個不少人已經認命的時代。我們不少人不但接受強權轄制的事實，還過著一種依附強權的生活，甘心放棄盼望，甚至停止向上帝呼求。我們要如何去繼續服事這個世代？我們寧願作一個「平常人」，過平常人的生活？還是甘願付上「平凡」的代價，回應上帝的呼召？你、我的回應又會是甚麼呢？

思考問題

1. 在今日的社會、教會處境中，你認為自己算是沉默的一羣，甘於接受既定的一切，認為神要我們學習順服？抑或覺得神要呼召你去回應和改變？
2. 如果神呼召你去服事一班「不思進取」的人，你會如何回應？
3. 為了事奉神，你付上了甚麼代價？有沒有甚麼代價是你不願意付出的呢？

4. 看過本章後，你同情參孫嗎？為甚麼？參孫的時代跟今天又有甚麼相似之處？

註釋

1. 希臘文《七十士譯本》的記載稍為詳細，似是反映原來的經文。《七十士譯本》的不同之處以**下橫線**標示，並翻譯如下：

[13] 大利拉對參孫說：「你到現在還是欺騙我，對我說謊。請你告訴我，要用甚麼方法才能捆綁你。」參孫對她說：「只要用織布的線將我頭上的七條髮綹編織起來，用梭子釘在牆上，我就像平常人一樣軟弱。」[14] 當他睡著的時候，大利拉就把他頭上的七條髮綹用織布的線織起來，用梭子將他的髮綹釘住在牆上，對他說：「參孫，非利士人來捉你了！」參孫從睡中醒來，將織布機上的梭子和織布的線一齊都拔出來了。

有關文本差異的討論，參 Robert B. Chisholm Jr., *A Commentary on Judges and Ruth* (Kregel Exegetical Library; Grand Rapids: Kregel, 2013), 421。